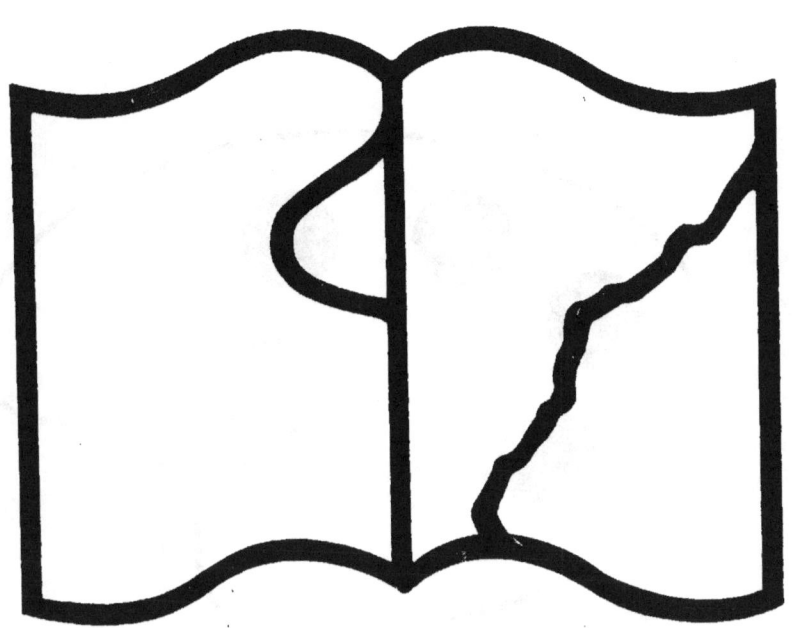

Texte détérioré — reliure défectueuse

NF Z 43-120-11

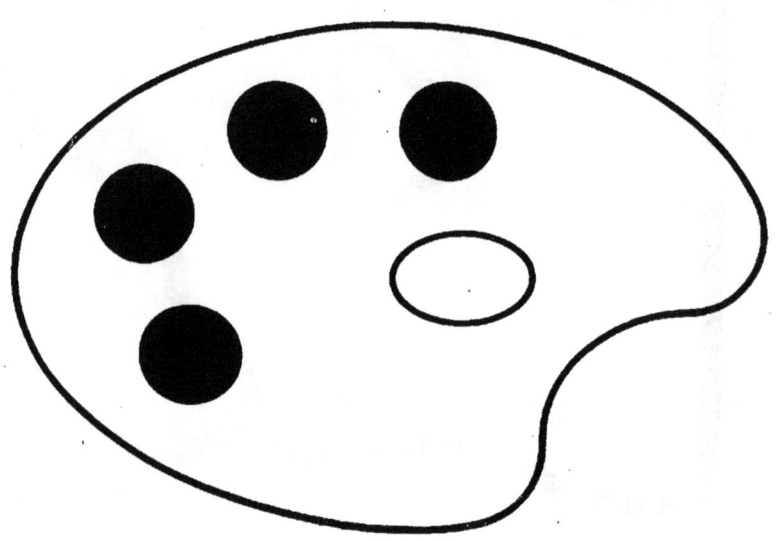

Original en couleur
NF Z 43-120-8

S. 1191. p̃
B.1.

16262

DES MOYENS
D'AUGMENTER
ET
DE CONSERVER
SON REVENU.

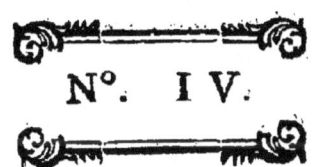

N°. IV.

Il y a déja long-temps que les Amateurs de l'Economie & de l'Agriculture defirent un moyen sûr & facile de publier leurs découvertes, & de connoître celles qui ont lieu dans les diverfes contrées de l'Europe, relativement à ces deux fciences; les Journaux d'Agriculture & d'Economie ne peuvent remplir leurs vues, étant trop difpendieux par le nombre des Volumes; d'où il arrive que ceux qui ne voudroient s'inftruire que fur une feule partie, font obligés d'y renoncer, ou de fouiller dans des Recueils immenfes, remplis de chofes qui leur font étrangeres ou inutiles, & même, ofons le dire, de procédés faux & hafardés.

La bienfaifance naturelle à la Profeffion des Agriculteurs, qui leur fait defirer, lorfqu'ils ont fait une découverte utile, ou inventé des procédés avantageux, de les faire connoître à tous ceux qui font dans le cas d'en profiter, nous a déterminés à publier en Cahiers féparés, toutes les découvertes pratiques qui parviendront à notre connoiffance, ayant foin de ne mettre dans chaque Cahier, que des chofes analogues; ainfi les Amateurs, les Curés, les Fermiers, pourront toujours fe procurer à peu de frais les brochures qui traiteront des fujets qui les intéreffent. Nous invitons les Agriculteurs, à nous faire parvenir leurs obfervations, les priant d'en écarter tout ce qui eft généralement connu; car les chofes inutiles, en multipliant les volumes, deviendroient onéreufes au Public, & par-là notre but feroit manqué. Nous efpérons de même qu'ils n'avanceront rien qu'après l'avoir éprouvé avec foin & fans prévention.

Pour faciliter la correfpondance, nous indiquons la Ville de Lyon, comme étant le centre des Provinces méridionales de la France. On pourra y faire parvenir les paquets *francs de port*, à l'adreffe de *MM. les* FRERES PERISSE, *Imprimeurs-Libraires*, qui les feront parvenir très-exactement.

*Par une Société d'*AGRICULTEURS.

RECUEIL DE MÉMOIRES

SUR

LA CULTURE ET LE ROUISSAGE DU CHANVRE,

ET SUR LES MOYENS DE PRÉVENIR LES INCONVÉNIENS DES ROUTOIRS,

Couronnés ou approuvés par la Société Royale d'Agriculture de Lyon;

CONTENANT,

1°. Le Mémoire qui a remporté le prix, par M. l'Abbé Rozier.
2°. Le Mémoire qui a obtenu l'*Accessit*, par M. Prozet.
3°. Un Mémoire qui a mérité les éloges de la Société Royale.
4°. Des Instructions Familieres sur le même objet, à l'usage des Gens de la Campagne, par M le Chevalier de Perthuis de la même Société.

―――

A LYON,

Chez les FRERES PERISSE, Imprimeurs-Libraires, rue Merciere.

A PARIS,

Chez PERISSE le jeune, Libraire, sur le Pont Saint-Michel, au Soleil d'or.

―――

AVEC PRIVILEGE DU ROI.

1787.

AVIS.

La Société Royale d'Agriculture de Lyon avoit proposé en 1782, pour sujet du prix à distribuer au mois de Mai 1783, les questions suivantes.

1°. Quelle est la vraie théorie du rouissage du Chanvre?

2°. Quels sont les meilleurs moyens d'en perfectionner la pratique, soit que l'opération s'en fasse dans l'eau ou en plein air?

3°. Quels sont les cas où l'une de ces opérations est préférable à l'autre?

4°. Y auroit-il quelque maniere de prévenir l'odeur désagréable, & les effets nuisibles du rouissage dans l'eau?

Aucun des Mémoires envoyés au concours ne satisfit pleinement la Société, & même plusieurs Concurrens se plaignirent de ce que le Programme leur étant parvenu trop tard, il leur avoit été impoſſible d'appuyer leurs principes ſur des expériences aſſez multipliées. La Société fit donc publier de nouveau le même Programme en 1784, & fixa l'époque de rigueur pour la réception des Mémoires, au mois de Mars 1785.

En conſéquence le prix fut décerné le 12 Août 1785, & proclamé dans l'Aſſemblée publique de la Société, tenue le 5 Janvier 1787.

La Société Royale avoit reçu de M. le Chevalier de Perthuis, un de ſes Aſſociés, des Inſtructions Familieres ſur le Chanvre, à l'uſage des Gens de la Campagne; la clarté & la préciſion de cet Ouvrage ont déterminé à lui donner une place dans ce Recueil.

TABLE.

ESSAIS sur la culture & le rouissage du Chanvre, par M. l'Abbé ROZIER.

PREMIERE PARTIE.

De la Culture du Chanvre, & des procédés déja connus pour le faire rouir. pag. 1

CHAPITRE I. *De la Culture du Chanvre.* 7
SECTION I. *Description de la Plante.* Ibid.
SECTION II. *Du sol que le Chanvre demande, & des travaux préparatoires.* 11
SECTION III. *Du choix de la graine, du semis, & de l'époque à laquelle il doit être fait.* 18
§. I. *Du choix de la graine.* Ibid.
§. II. *Des semis de la graine du Chanvre.* 20
§. III. *De l'époque des semis.* 26
SECTION IV. *Des époques auxquelles on doit arracher le Chanvre, & de la maniere d'en récolter la graine.* 30
§. I. *Du Chanvre mâle.* Ibid.
§. II. *Du Chanvre femelle, pour la graine.* 34

CHAPITRE II. *Des manieres connues de faire rouir le Chanvre.* 41

SECTION I. *Du rouissage à l'air.* Ibid.

SECTION II. *Du rouissage par la gelée.* 46

SECTION III. *Du rouissage à l'eau.* 49

SECTION IV. *Des soins que demande le Chanvre après qu'il a été roui.* 59

SECONDE PARTIE.

NOUVEAUX *Procédés pour le rouissage du Chanvre, & pour la préparation de la teille.* 63

CHAPITRE I. *Quelle est la vraie théorie du rouissage du Chanvre ?* 64

SECTION I. *Analyse du Chanvre.* Ibid.

SECTION II. *Des phénomenes qui ont lieu dans le rouissage, & quel en est le résultat.* 74

CHAPITRE II. *Quels sont les meilleurs moyens de perfectionner la pratique du rouissage du Chanvre, soit que l'opération se fasse dans l'eau, ou à l'air ?* 79

SECTION I. *Des soins à donner aux javelles, & de leur arrangement dans le routoir.* Ibid.

SECTION II. *De la meilleure qualité des eaux pour rouir, & apperçu d'autres moyens.* 87

SECTION III. *Des routoirs & du rouissage à l'eau.* 95

SECTION IV. *Du rouissage en plein air ; de ses inconvéniens ; des cas où il est préférable au rouissage à l'eau ; des moyens de le perfectionner.* 101

CHAPITRE III. *Y auroit-il quelque maniere de prévenir l'odeur désagréable & les effets nuisibles du rouissage dans l'eau ?* 107

SECTION I. *Expériences sur divers moyens de prévenir l'odeur désagréable & les mauvais effets du rouissage à l'eau ?* 114

SECTION II. *Du rouissage à sec, qui supprime tous les inconvéniens du rouissage à l'eau & le supplée entiérement.* 120

TROISIEME PARTIE.

Exposé & vues sur la préparation de la filasse, pour la convertir en queues. 126

*Mémoire sur le rouissage du Chanvre, qui a obtenu l'*Accessit, *par M.* PROZET. 137

PREMIERE QUESTION. *Quelle est la vraie théorie du rouissage du Chanvre ?* 140

Premiere Expérience. 141

TABLE.

Deuxieme Expérience. 142
Troisieme Expérience. Ibid.
Quatrieme Expérience. 143
Cinquieme Expérience. 146
Sixieme Expérience. 149
Septieme Expérience. Ibid.

SECONDE QUESTION. *Quels sont les moyens de perfectionner la pratique du rouissage, soit que l'opération se fasse à l'eau, soit qu'elle se fasse en plein air ?* 152
Huitieme Expérience. 155

TROISIEME QUESTION. *Quels sont les cas où le rouissage à l'air & le rouissage à l'eau sont préférables l'un à l'autre ?*

QUATRIEME QUESTION. *Y auroit-il quelque maniere de prévenir l'odeur désagréable & les effets nuisibles du rouissage à l'eau ?* 165
CONCLUSION. 166

MÉMOIRE *sur le rouissage du Chanvre, qui a mérité les éloges de la Société Royale.* 168
Rouissage du Chanvre par l'eau. 169
Du rouissage au soleil & à la rosée. 183
Moyens pour prévenir, autant qu'il est possible, l'odeur désagréable du rouissage dans l'eau. 185

TABLE.

INSTRUCTION FAMILIERE sur la culture & le rouit du Chanvre, à l'usage des Gens de la campagne. 189.

AVANT-PROPOS. Ibid.

Du Chanvre. 191
Des terres qui conviennent au Chanvre. 193
Des labours. 199
Des Amendemens. 201
Regles générales pour les engrais. 204
De la semence. 205
De la cueillette. 207
Du rouit ou rouissage. 210
Du mâchage ou broyage. 217
Du patelage, ou espadonnage, ou pilage. 218
Du rapport des terres mises en chenevieres. 219

FIN de la Table.

PRIVILEGE GÉNÉRAL.

N°. 1290.

LOUIS, PAR LA GRACE DE DIEU, ROI DE FRANCE ET DE NAVARRE: A nos Amés & Féaux Conseillers, les Gens tenant nos Cours de Parlement, Maîtres des Requêtes ordinaires de notre Hôtel, Grand Conseil, Prévôt de Paris, Baillis, Sénéchaux, leurs Lieutenans Civils, & autres nos Justiciers qu'il appartiendra: SALUT. Nos amés LES FRERES PERISSE, Imprimeurs & Libraires à Lyon, nous ont fait exposer qu'ils desireroient faire imprimer & donner au Public un *Recueil de Mémoires sur la Culture & le Rouissage du Chanvre, & sur les Moyens de prévenir les inconvéniens des Routoirs, couronnés ou approuvés par la Société Royale d'Agriculture de Lyon*, s'il nous plaisoit leur accorder nos Lettres de Privilege pour ce nécessaires. A CES CAUSES, voulant favorablement traiter les Exposans, nous leur avons permis & permettons par ces Présentes, de faire imprimer ledit Ouvrage autant de fois que bon leur semblera; de le vendre, faire vendre & débiter par tout notre Royaume, pendant le temps de *dix années* consécutives, à compter de la date des Présentes. Faisons défenses à tous Imprimeurs, Libraires, & autres personnes de quelque qualité & condition qu'elles soient, d'en introduire d'impression étrangere dans aucun lieu de notre obéissance; comme aussi d'imprimer, vendre, faire vendre, débiter ni contrefaire ledit Ouvrage, sous quelque prétexte que ce puisse être, sans la permission expresse & par écrit desdits Exposans, leurs hoirs ou ayant causes, à peine de saisie & de confiscation des Exemplaires contrefaits, de six mille livres d'amende, qui ne pourra être modérée, pour la premiere fois; de pareille amende & de déchéance d'état en cas de récidive, & de tous dépens, dommages & intérêts, conformément à l'Arrêt du Conseil du 30 Août 1777, concernant les Contrefaçons. A la charge que ces Présentes seront enregistrées tout au long sur le Registre de la Communauté des Imprimeurs & Libraires de Paris, dans trois mois de la date d'icelles; que l'impression dudit Ouvrage sera faite dans notre Royaume & non ailleurs, en beau papier & beaux caracteres, conformément aux Réglemens de la Librairie, à peine de déchéance du présent Privilege; qu'avant de l'exposer en vente, le manuscrit qui aura servi de copie à l'impression dudit Ouvrage, sera remis dans le même état où l'Approbation y aura été donnée, ès mains de notre très-cher & féal Chevalier, Garde des Sceaux de France, le Sieur DE LAMOIGNON ; qu'il en sera ensuite remis deux Exemplaires dans notre Bibliotheque publique, un dans celle de notre Château du Louvre, un dans celle de notre très-cher & féal Chevalier, Chancelier de France, le Sieur DE MEAUPEOU, & un dans celle dudit Sieur DE LAMOIGNON ; le tout à peine de nullité des Présentes, du contenu desquelles vous mandons & enjoignons de faire jouir lesdits Exposans & leurs ayant cause, pleinement & paisiblement, sans souffrir qu'il leur soit fait aucun trouble ou empêchement. Voulons que la Copie des Présentes, qui sera imprimée tout au long au commencement ou à la fin dudit Ouvrage, soit tenue pour dûment signifiée, & qu'aux Copies collationnées par l'un de nos amés & féaux Conseillers-Secrétaires, foi soit ajoutée comme à l'Original. Commandons au premier notre Huissier ou Sergent sur ce requis, de faire, pour l'exécution d'icelles, tous Actes requis & nécessaires, sans demander autre permission, & nonobstant clameur de Haro, Charte Normande, & Lettres à ce contraires : Car tel est notre plaisir. Donné à Versailles, le vingt-deuxieme jour du mois d'Août, l'an de grace mil sept cent quatre-vingt-sept, & de notre Regne le quatorzieme.

PAR LE ROI, EN SON CONSEIL,

LE BEGUE.

Registré sur le Registre XXIII de la Chambre Royale & Syndicale des Libraires & Imprimeurs de Paris, N°. 1290, fol. 323, conformément aux dispositions énoncées dans le présent Privilege, & à la charge de remettre à ladite Chambre les neuf Exemplaires prescrits par l'Arrêt du Conseil du 16 Avril 1785. A Paris, ce vingt-huit Août 1787.

KNAPEN, *Syndic.*

MÉMOIRE
SUR
LA CULTURE ET LE ROUISSAGE
DU CHANVRE.

Par M. l'Abbé ROZIER, Prieur-Commendataire de Nanteuil-le-Haudoin, Chanoine d'honneur du Chapitre de St. Paul-de-Lyon, Seigneur de Chevreville, Directeur de la Pépiniere Royale de Lyon, Correspondant de l'Académie des Sciences de Paris, des Académies des Sciences de Lyon, de Dijon, de Marseille, de Rouen, de Villefranche & de Nîmes; des Sociétés des Sciences de Montpellier & d'Orléans, de celles des Arts de Londres, de Physique de Roterdam, de Zurich, de Basle, de Physique & de Botanique de Florence; de la Société Patriotique de Hesse-Hombourg, des Curieux de la Nature de Berlin, de la Société de Philadelphie, des Académies des Sciences de Stockolm, de Madrid, des Sociétés d'Agriculture de Paris, de Berne, de Lyon, d'Orléans, de Limoges, &c.

Couronné par la Société Royale d'Agriculture de Lyon, le 12 Août 1785.

L'Agriculture ne deviendra jamais un Art régulier, à moins qu'il ne s'éleve un Cultivateur instruit de la Chymie.
HOME, *Traité sur le Blanchiment des Toiles*, 1 part. sect. 1.

ESSAIS

ESSAIS
SUR
LA CULTURE
ET LE ROUISSAGE
DU CHANVRE.

PREMIERE PARTIE.

De la culture du Chanvre, & des procédés déja connus pour le faire rouir.

LA Société d'Agriculture de Lyon, donne le signal; elle veut qu'une théorie approfondie devienne le flambeau de cette antique science, où les erreurs se propagent pendant des siecles, & où les vérités sont toujours vacillantes. On citera peu d'exemples que

A

des cultivateurs ordinaires aient simplifié ou perfectionné des méthodes ou des procédés. On doit presque toujours les innovations utiles à des personnes étrangeres à la profession du Cultivateur; mais qui chérissent l'Agriculture, qui l'examinent avec attention, & qui joignent à leurs connoissances l'habitude de la méditation. C'est à leurs soins, à leur zele & à leur patience qu'on a été redevable de cette espece d'émulation qui se soutint sous le dernier regne, & qui s'est trop tôt ralentie pour l'intérêt de l'Etat; elle renaîtra sans doute, si on accorde à l'Agriculture, *liberté* & *protection*, & aux Agronomes érudits, des encouragemens, & même des récompenses proportionnées à leurs travaux, ou qui les mettent dans le cas de les suivre avec un plus grand succès. C'est ainsi qu'en plusieurs Etats d'Italie, en Pologne, en Suede, en Russie, &c. ces hommes précieux sont accueillis & protégés.

Ce que le Gouvernement de France vient d'exécuter, relativement à l'Académie des Inscriptions & Belles-Lettres, est sans doute un essai de ce qu'il se propose de faire auprès de toutes les Sociétés savantes qui lui sont soumises; elles sont prêtes à seconder ses vues ; & la Société Royale d'Agriculture de Lyon a prouvé, depuis le premier jour de son établissement, combien elle desiroit d'être utile, par les moyens qu'elle a pris pour le devenir. L'importance des programmes qu'elle publie est le garant de cette vérité, ainsi que ses occupations habituelles.

Son cri de bienfaisance est parvenu jusques dans ma retraite ; j'ai dit, devançons la suite des expériences que j'ai commencées, & qui doivent trouver leur place dans un ouvrage qui m'occupe, & tâchons de répondre à ses vues au dessus de la portée du simple cultivateur.

On a reconnu de tout temps en France, combien la culture du chanvre étoit avantageuse à ce Royaume, mais son importance n'a jamais mieux été sentie que dans la dernière guerre maritime ; les pays du Nord ont échangé à gros intérêts notre numéraire contre leur chanvre.

Les besoins urgens sont disparus, & peut-être a-t-on déja oublié qu'ils ont existé, ou qu'ils sont prêts à renaître. Outre ces besoins accidentels, il faut compter pour beaucoup l'augmentation prodigieuse du luxe, en fil, toile, linge de toute espece, & la consommation journaliere pour les cables, cordes & voilure de la marine. En 1783, on en a employé plus de quatre cent millions de livres pesant, & beaucoup plus du tiers a été tiré de l'Etranger.

La culture du chanvre seroit bien plus florissante en France, si elle y avoit toujours été protégée. En 1686 & en 1722, la sortie de nos chanvres fut rigoureusement défendue; dès-lors sa culture fut abandonnée à un tel point, & le chanvre devint si rare, que le Gouvernement fut obligé en 1749, de supprimer le droit d'entrée sur tous les chanvres venant de l'Etranger. Cette nouvelle loi acheva de décourager le cultivateur, parce qu'il ne put plus soutenir la concurrence. Les nouveaux Etats d'Amérique ont mieux connu leurs véritables intérêts; ils viennent d'accorder une prime de gratification au chanvre qu'on exportera de chez eux. Cet exemple suivi en France, n'y produiroit-il pas le plus grand bien? ou si les besoins du Royaume s'opposent à l'exportation, une récompense accordée aux Cultivateurs qui auroient semé en chanvre une certaine étendue de terrein, ne seroit-elle pas un véhicule bien puisfant, & capable d'en augmenter & même d'en doubler la culture?

On ne manquera pas d'objecter qu'elle préjudiciera ou diminuera celle des grains. Dès-lors l'allarme devient générale, quoique la France récolte, année ordinaire, près du double plus de bled qu'elle n'en consomme. Mais que répondront ces politiques & ces spéculateurs de cabinet, lorsqu'on leur dira : *la terre qui porte du chanvre cette année, seroit restée en jachere ; & quoique cultivée en chanvre, elle donnera l'année suivante une plus belle récolte en bled, que si elle étoit restée en jachere ?* Voilà une vérité fondamentale, & reconnue de tous les vrais Agriculteurs.

Si chacun se met à cultiver du chanvre, le Gouvernement, dira-t-on, ne sauroit prévoir à combien s'élevera la somme des gratifications. Eh, tant mieux ! la richesse du Gouvernement est dans le bien-être des individus qui le composent. D'ailleurs, ces gratifications, sous un nom, ou sous un autre, ne retourneront-elles pas toujours au trésor royal, qui, semblable à la mer, rassemble les eaux par torrens, par rivieres, & les distribue ensuite sur le continent en pluies, en brouillards, &c. & c'est de cette circulation, plus ou moins active d'un côté ou de l'autre que résulte l'aisance du propriétaire des champs. Il est bien plutôt à craindre que la gratification accordée ne soit un prétexte pour augmenter ensuite le poids des impositions sur la personne gratifiée ; ensuite le paysan doutera s'il doit la recevoir ; il la refusera même, comme il a refusé les mûriers que le Gouvernement lui offroit de prendre dans les pépinieres royales, de peur d'être mis à la taille en raison du cadeau.

La France produit le meilleur chanvre connu : je dis le *meilleur*, pour la qualité, mais non pas le plus long. Ce n'est pas dans la longueur que consiste la bonté, c'est dans le nerf & la finesse, même pour les cables du plus gros calibre. C'est sans doute cet avantage local qui a fait négliger en France les perfections que l'art pouvoit lui donner. Les Hollandois, les Suisses, à force de recherches, sont parvenus à une supériorité dans la préparation de leurs chanvres, que nous n'avons égalé que par des essais en petit, & qui n'ont été ni encouragés ni recompensés; cependant l'intérêt national exige que la révolution devienne générale, puisque nos voisins sont supérieurs à nous, & ont atteints à la perfection, même avec des matieres moins bonnes que les nôtres. Puissent ces idées, inspirées par le zele d'un citoyen, produire le changement qu'il desire ! puissé-je voir cette précieuse culture acquérir la considération qu'elle mérite, & atteindre à sa perfection ! alors j'aurai la satisfaction de dire, j'ai été utile à la patrie.

Nisi utile est quod facimus stulta est gloria.
Phæd. lib. 3, fabul. 17.

CHAPITRE PREMIER.
De la culture du Chanvre.

SECTION PREMIERE.
Description de la plante.

LES fleurs mâles & les fleurs femelles sont portées sur des pieds différens; c'est-à-dire que sur un pied, on ne trouve que des fleurs mâles, improprement appellées *stériles*, & sur l'autre, des fleurs nommées *fécondes*, parce que la graine ou la semence paroît après leur floraison.

La *fleur mâle* est composée de cinq

étamines renfermées dans un calice divifé en cinq folioles oblongues, aiguës, obtufes, concaves. Les étamines font cette partie dans laquelle eft renfermée cette pouffiere jaune qui doit féconder les fleurs femelles; le vent, l'élafticité de l'efpece d'outre où elle eft contenue, peut-être l'attraction, portent ce principe vivifiant (lorfqu'elle s'ouvre) fur les parties fexuelles de la fleur femelle, & la graine eft fécondée. Sans cette maniere de fécondation, la graine récoltée, feroit en vain femée de nouveau, elle ne germeroit point. Auffi la nature très-attentive, & dont le but eft la reproduction des efpeces, a plus multiplié dans le chanvre & dans les plantes qui lui font analogues, cette pouffiere d'où dépend la fécondation. Une feule plante à fleurs mâles, fuffit pour féconder un très-grand nombre de pieds à fleurs femelles.

Fleur femelle: elle differe vifiblement de la premiere, en ce qu'elle n'a qu'un piftil au lieu de cinq étamines; le fommet de ce piftil eft la partie qui reçoit la pouffiere fécondante, & va animer l'embryon contenu dans un calice d'une feule piece, oblong, aigu, & qui recele la graine jufqu'à fon entiere maturité.

Dans le langage vulgaire, on a très-mal-à-propos confondu ces deux dénominations. On a appellé *plante mâle*, celle qui porte la graine, & *femelle* celle qui porte véritablement & uniquement les fleurs mâles. Il est bon de prévenir une fois pour toutes, que nous désignerons par plante *femelle*, celle qui fournit la graine, & par plante *mâle*, celle qui la féconde.

Fruit : semence ronde, recouverte par une coque qui s'ouvre en deux parties & renferme une amande.

Feuilles, portées sur de petites queues, ordinairement découpées en cinq folioles ; sur la plante mâle, les trois supérieures sont en forme de fer de lance, dentées en maniere de scie tout autour, les deux inférieures plus entieres & plus petites. La plante femelle a ses folioles plus petites & dentées.

Racine, ligneuse, en forme de fuseau, peu fibreuse, blanche.

Port : la hauteur de la tige varie en France, depuis quatre jusqu'à huit à dix pieds, suivant les terreins, les saisons, la maniere dont la graine est semée. Elle est rude au toucher, velue, quarrée, creuse, articulée, ayant des entrenœuds plus ou moins longs ; sa hauteur moyenne est de cinq pieds, sa grosseur est environ de six lignes de diametre vers le collet de la racine. On en voit en Russie & dans le Nord, de deux pouces de diametre. L'écorce de la tige est ce qui forme ensuite la teille ou filasse, lorsqu'on l'a séparée de la chenevotte, ou partie ligneuse, après avoir fait subir le rouissage de la plante entiere.

Fleurs, naissent au sommet entre les aisselles des feuilles Les fleurs femelles sont rassemblées & forment avec les feuilles une espece de houppe, & les fleurs mâles sont disposées en grappes le long des tiges; les feuilles sont alternativement placées.

Lieu : le chanvre est originaire des Indes. Il seroit vraiment naturalisé en France, s'il ne craignoit pas autant les gelées.

Propriétés économiques : la graine engraisse la volaille; donnée seule, elle l'échauffe beaucoup; donnée en petite quantité, elle hâte le besoin de couver.

De la graine on extrait une huile qu'on peut employer dans la préparation des alimens, quand on n'en a pas d'autre; cependant elle seroit excellente & très-douce, si on trouvoit un moyen, avant l'expression, de séparer l'amande de la coque. On s'en sert communément pour brûler, & dans la peinture. Le marc est une bonne nourriture pour les cochons ; mais en petite quantité, sans quoi leur lard seroit moins ferme.

Propriétés médicales : Les feuilles ont une odeur nauséabonde, forte, pénétrante, semblable à celle de l'opium. Elles sont ameres & âcres au goût ; l'amande est douce ; la plante est narcotique & résolutive ; avec les feuilles écrasées on compose des cataplasmes très-résolutifs.

Section seconde.

Du sol que le Chanvre demande, & des travaux préparatoires.

Le chanvre a une racine pivotante, en forme de fuseau & peu fibreuse ; il lui faut donc essentiellement une terre douce & qui ait du fond, en quoi il differe des plantes à racines fibreuses, comme les fromentacées, auxquelles la nourriture qu'elles trouvent à six pouces au dessous de la superficie du champ, est suffisante : d'ailleurs il est démontré que les fromentacées absorbent de l'athmosphere une très-grande partie des sucs néceffaires à leur végétation; le chanvre au contraire, eft peu feuillé, excepté vers fon fommet, lorfqu'il eft femé pour en avoir la filaffe. D'après l'infpection & la forme des racines des plantes, il eft très-aifé de reconnoître la culture qu'elles exigent.

Toute efpece de terre convient au chanvre, lorfqu'elle a du fond; cependant cette affertion eft trop générale, & par conféquent elle exige plufieurs modifications. Il y a une préférence à donner aux terres entr'elles; celles qui font noires ou brunes, qui font un peu argilleufes, qui confervent un peu d'humidité; celles qui font formées par des fables & mêlées d'argile & tourbes; celles où l'on voit verfer le froment; enfin les terres micacées, bien mixtionnées avec de la marne, vaudront mieux que celles qui feront grifes, feches, légeres, graveleufes, marneufes, purement fablonneufes, en quartiers tuffeux & crayeux. Les terres formées par les débris graniteux, quartzeux, ou volcaniques, la pouzzolane, ou les terres martiales, font les plus mauvaifes; cependant fi on y multiplie les engrais, foit végétaux, foit animaux, on en tirera encore un très-bon parti.

Dans le voisinage des villes, des bourgs & des gros villages, il est facile d'établir une coutume que j'ai vue suivre dans plusieurs endroits du Royaume. C'est de céder des champs pendant l'année de jacheres ou de repos, à de petits cultivateurs, à condition qu'ils les fumeront largement & les travailleront de même.

Le chanvre ne reste gueres plus de quatre mois en terre, & quoiqu'il absorbe une partie de l'engrais, il en reste toujours assez pour fertiliser le bled que l'on récolte dans l'année suivante.

Ce seroit un grand abus de céder une trop vaste étendue de terrain, sans avoir auparavant pris connoissance de la quantité & de la qualité du fumier que le preneur peut y mettre. On doit préférer le fumier qui provient des atteliers de cordonniers, de tanneurs, de tailleurs, &c., par les débris de leurs ouvrages. Ces substances animales se conservent plus long-temps en terre, & l'on reconnoît visiblement leurs bons effets pendant le cours de l'année suivante.

Cette cession de la jouissance momentanée d'un champ, en pur don, paroît une acte de bienfaisance à l'égard de l'artisan; mais il en résulte également un vrai produit pour le propriétaire, puisque son champ est vigoureusement travaillé & amendé; après la levée du chanvre, il ne lui reste plus qu'à labourer & à semer.

J'ai dit plus haut que la racine du chanvre étoit pivotante & peu fibreuse; donc elle n'a pas absorbé les sucs nourriciers disséminés dans la superficie du sol; les bleds doivent donc en profiter : d'ailleurs, il faut encore observer que les débris des feuilles de cette plante restés sur le champ, lui préparent un nouvel engrais; enfin, qu'aucune plante n'éloigne plus les insectes, & n'étouffe plus les plantes parasites de nos champs que le chanvre.

Le moyen que je propose seroit petit à la vérité, pour une métairie d'une vaste étendue; mais ne doit-on pas compter pour beaucoup, l'avantage qu'en retire cet ouvrier; il a de quoi faire des chemises à ses enfans. Cette charité coûte si peu, & elle tourne même si fort à l'avantage du propriétaire, qu'il ne sauroit regarder cette cession comme une charité. J'avoue que si j'habitois un pays où il fût possible de cultiver le chanvre, je ne balancerois pas à distribuer par parcelles tous mes champs à bled : quand les propriétaires entendront-ils leurs véritables intérêts ? & puisse, pour le soulagement des malheureux, cette coutume bienfaisante s'étendre dans tout le Royaume !

Les chenevieres aiment les terres voisines des étangs, des marais, des fossés profonds, & qui conservent l'humidité ; celui des sources, des ruisseaux, des rivieres ou des saignées que l'on pourroit y faire, des lieux nouvellement desséchés, & sur-tout les terres à prés. Ce n'est pas que le chanvre demande à être noyé, au contraire, l'aquosité, ou la trop grande humidité lui nuit beaucoup ; effet dont on doit juger par la forme de sa racine. Aussi toute terre qui n'est pas franche à la profondeur d'un pied, ne doit pas être semée en chanvre, sur-tout si elle est en pente, avec un fond de sable ou de gravier, ou de roc, qui accélerent la sécheresse pendant l'été ; cependant si l'on peut tirer parti de quelques sources ou passages d'eau dans la partie supérieure aux pentes, alors cet accessoire corrigera la défectuosité du sol.

La différence des sols indique les différentes especes d'engrais qu'ils demandent. Par exemple les fonds où l'argille domine plus que les autres principes terreux, veut avoir des fumiers chauds, pas tout-à-fait conſommés, comme ceux de mouton, de chevre, d'âne, de volaille; & ces fumiers doivent être répandus au dernier labour d'hiver, ou d'entre-hiver. Les engrais les plus légers & les plus conſommés ſeront deſtinés aux bonnes terres légeres, & enterrés par le labour qui précede les ſemailles. De ces deux points donnés, on peut modifier leur emploi pour les fonds dont la qualité s'en rapproche ou s'en éloigne. Vouloir qu'on preſcrive pour chaque nature de champs, l'engrais & la quantité qui lui ſont convenables, c'eſt demander la choſe impoſſible. On ne trouvera pas dans le même canton, deux champs parfaitement égaux; tout ce que l'on peut dire, c'eſt que la quantité d'engrais bien fuſés, bien conſommés ne nuit jamais, ſi le ſol conſerve aſſez d'humidité, naturellement, ou par art. Enfin ſi la ſechereſſe empêche la proſpérité du chanvre, le bled qui viendra après, s'en trouvera beaucoup mieux.

 Quand & comment faut-il labourer les champs deſtinés au chanvre ? c'eſt le cas de dire avec la Fontaine, *travaillez toujours*

toujours, c'est le fond qui manque le moins. La même culture, les mêmes labours qui conviennent au froment conviennent au chanvre. Un labour bien & profondément fait, & croisé avant l'hiver, est très-utile. La neige, la gelée & le dégel, sont les meilleurs laboureurs que je connoisse : aucune charrue ne divise mieux la terre, & cette division extrême est nécessaire pour le semis du chanvre. Quant aux labours de préparation après l'hiver, on ne doit jamais les donner, lorsque la terre est trop humide ou trop seche ; dans ce cas, la charrue souleve la terre en mottes, qu'on a grande peine à diviser par la suite. Si le temps & la saison pressent, il convient de passer la herse après chaque labour, & de labourer de nouveau & légérement par dessus.

Ces observations s'appliquent sur-tout aux terrains compacts & serrés, & qui sont les moins propres à une bonne cheneviere.

SECTION TROISIEME.

Du choix de la graine, du semis, & de l'époque à laquelle il doit être fait.

§. I.
Du choix de la graine.

LA graine de chanvre, ayant une tendance singuliere à la rancidité, la meilleure est celle qui n'a qu'une année : pour peu que la coque qui enveloppe l'amande soit endommagée, pour peu que la fermentation existe dans le monceau de graines, soit parce qu'elle a été serrée avant d'être assez séchée, soit par l'humidité du local où on l'a déposée, elle rancit, & dès-lors elle ne germe plus. Pour se convaincre de sa qualité, il faut prendre sans choix quelques graines dans le monceau, les porter à la bouche, & avec les dents de devant, diviser la coque sans la mâcher, en séparer avec la langue la petite amande qu'elle contient, enfin mâcher cette amande dont la saveur doit être a peu près celle de la noisette. La coque contient une huile essentielle âcre qui communique son goût & son odeur à l'amande lorsqu'on les mâche ensemble. Si la graine est bonne, son amande est douce ; si elle a fermenté, sa saveur est détestable.

Toute graine dont l'écorce est de couleur blanche ou vert-pâle, est vuide en dedans, où son amande est mal nourrie, ou avortée, ou décomposée dans ses principes ; si l'écorce est luisante, si sa couleur tire sur le brun, il est à présumer que la coque est pleine & la graine bonne à semer. Si en la frottant légèrement entre les mains, elle ne se brise pas, si l'écorce devient plus nette, plus luisante, c'est un bon signe. De toutes les épreuves, la plus sûre est celle de la mastication d'un certain nombre de graines prises au hasard.

Le chenevis à préférer à tout autre est celui des plantes qui ont végété sur un bon champ bien amandé, mais surtout celui du chanvre qui aura été semé exprès pour la graine, ainsi qu'il sera dit ci-après, en indiquant les précautions nécessaires pour sa bonne exsication.

§. II.

Des semis de la graine de chanvre.

En France on n'a pas la louable coutume des Anglois & des Hollandois; lorsqu'ils sement, c'est pour récolter le chanvre destiné à produire la filasse, & ils séparent aux époques convenables les pieds mâles des pieds femelles. Imitons l'exemple de nos voisins, nous aurons une plus belle graine pour ensemencer nos champs, & le surplus servira à l'exportation chez l'Etranger, tout au moins à la nourriture des oiseaux de voliere ou de basse-cour.

Le cultivateur françois doit se proposer d'avoir de la très-belle graine & du très-beau chanvre.

Pour se procurer une graine excellente, il convient de sacrifier une certaine étendue de terrain, & de semer très-clair. A mesure que la graine sortira de terre, qu'elle croîtra, que la plante sera assurée, ne laissez qu'une seule tige sur une espace d'un pied, de maniere qu'il se trouve en tout sens, un pied de distance d'une tige à l'autre, & vous les laisserez parfaitement mûrir. Ces tiges isolées prospérent à vue d'œil ; & si le sol a été préparé, s'il a les conditions énoncées ci-dessus, le chanvre que l'on en retirera sera très-long & grossier.

On conseille, dans le Journal économique, de semer une certaine quantité de graines de chanvre dans un champ destiné à la culture des haricots ; le chanvre en grandissant, leur tiendra lieu de rames ; les haricots exigent d'être travaillés de temps à autre, le chanvre profitera de ces petits labours. Comme je n'ai pas répété cette expérience, je ne puis prononcer & l'admettre pour sûre, d'après un Auteur anonyme ; d'autant qu'il reste un doute. L'odeur du chanvre très-forte, très-désagréable, ne se communiquera-t-elle pas aux haricots. les raisins s'impregnent de l'odeur du souci, d'aristoloche qui croissent dans les vignes, & le vin qui en provient, est empreint de ces odeurs & de ces saveurs. En outre, le haricot, s'entortillant autour des tiges de chanvre, ne les serrera-t-il pas un peu trop, ne nuira-t-il pas à leur bonne végétation ?

Un préjugé très-mal fondé fait que dans les corderies en grand, on donne la préférence au chanvre, dont les teilles font longues & groſſieres, ſur celui dont les teilles ſont plus courtes & plus fines ; mais des expériences répétées cent & cent fois, ont prouvé qu'un brin de chanvre fin eſt plus ſouple, & ſur-tout plus fort (proportion gardée) que celui du chanvre groſſier.

Lorſque pour la vente, on eſt obligé de ſe conformer à ce préjugé, il faut ſemer plus clair que lorſque l'on veut obtenir des teilles plus fines ; cependant, il convient, pour le mieux, de ſemer aſſez épais dans ces deux cas, parce que la graine trop enterrée ne germe pas, & que d'ailleurs il faut ſuppléer à celle dont le germe eſt détruit. Les clarieres ou places vuides dans une cheneviere lui préjudicient beaucoup : la maſſe totale des tiges ne s'éleve plus à la même hauteur ; celles qui ſont à la circonférence de la clariere ſurpaſſent les autres en hauteur, en groſſeur, en branches ; elles donnent un chanvre moins fin, & affament les tiges voiſines. La tranſplantation de quelques plantes ſurnuméraires regarnira les places vuides, mais il faut enlever doucement chaque pied, & conſerver la terre de ſes racines, afin qu'il reprenne mieux, & que pour ainſi dire il ne s'apperçoive pas d'avoir changé de place. Si l'on a la facilité de se procurer de l'eau, on arrosera aussi-tôt, ou on choisira un jour pluvieux pour cette opération.

Avant de semer, il est essentiel de passer la herse à plusieurs reprises, afin de régaler le terrain, & de briser les mottes le plus qu'il est possible : le sol ainsi préparé, on seme à la volée comme pour le bled. Je ne parle pas de ces semoirs si prônés, il y a vingt-cinq ans, aujourd'hui relégués sous des hangards ; ils ont eu le sort de toutes les *machines* que l'on a confiées à des paysans : d'ailleurs, cette recherche de perfection devient inutile ; lorsque la maniere de semer est simple & bonne ; il n'en coûte qu'un peu plus de semences.

Après avoir semé ou hersé de nouveau à plusieurs reprises, si la herse ne suffisoit pas, il faudroit employer le rateau, ou avoir recours aux femmes & aux enfans pour diviser les mottes avec des petits maillets de bois à longs manches. Le point essentiel est que la semence soit bien recouverte & peu enterrée ; si des graines restent sur le sol, elles attirent une multitude d'oiseaux, qui, après les avoir dévorées, grattent le terrain & découvrent les autres graines. Ce n'eſt pas le ſeul cas où les oiſeaux ſoient nuiſibles ; à meſure que la graine germe, ſes deux lobes ſortent de terre, afin d'ouvrir le paſſage à la plantule, & ce moment devient le plus à redouter. Le ſeul moyen capable de les écarter eſt de multiplier les *phantômes*, mais ſurtout de les *changer de place chaque jour*; enfin, de les habiller de *couleur différente*. Un phantôme ſédentaire les épouvante pendant le premier & le ſecond jour ; au troiſieme, ils y ſont ſi accoutumés, qu'ils viennent ſe repoſer ſur ſes épaules, & de-là ſe précipiter dans le champ.

Il eſt conſtant que ſi toutes les graines ſemées germoient & proſpéroient, la cheneviere ſeroit trop garnie, & les tiges n'auroient à peu près en groſſeur que celle du lin. Il eſt donc indiſpenſable de débarraſſer le ſol, des plantes ſurnuméraires, & de ſarcler rigoureuſement, ſi l'on ne veut pas que les mauvaiſes herbes gagnent ſur le chanvre dans les premiers jours de ſa végétation ; cette époque paſſée, le chanvre devient leur deſtructeur le plus aſſuré, il les étouffe par ſon ombre.

Lorsque les tiges commencent à avoir quatre, cinq à six pouces de hauteur, on enleve par un premier sarclage une partie des pieds trop serrés, & ce sarclage est plus ou moins multiplié, suivant la destination de la teille de ce chanvre. S'agit-il de la grosse toilerie, ou de la fabrique des cables, des cordes, &c., on laisse une distance de huit à dix pouces entre chaque pied ; s'agit-il de fils fins & soyeux, quatre ou cinq pouces de distance suffisent. Quelquefois ce dernier chanvre reste verd, quoique mûr, mais il donne plus de filasse, qui est foible à la vérité, si l'été est pluvieux.

Les proportions de distances que je viens d'indiquer, sont bonnes malgré leur généralité ; cependant elles doivent un peu varier, suivant la nature du sol, du climat, & les circonstances que le propriétaire doit connoître, & qu'il m'est impossible de caractériser. Regle générale, plus les tiges sont rapprochées & plus elles sont grêles & molles ; mais aussi, plus les fils que l'on en retire sont fins. Si l'on seme clair, les tiges sont plus grosses, plus hautes, plus ligneuses, & les teilles plus longues & grossieres. Le but qu'on se propose, décide donc, si l'on doit laisser beaucoup ou peu de tiges sur une espace de terrain.

§. III.

De l'époque du semis.

ÉTABLIR une époque déterminée pour le semis, ce seroit induire en erreur; elle doit varier d'un climat à l'autre : par exemple, on doit semer plutôt, dans les plaines & cantons abrités du Lyonnois, que sur les sols élevés de cette Province, ou en Champagne, en Flandres, en Picardie, en Artois : le retour de la chaleur dans ces Provinces n'y est pas aussi prompt, ni son intensité aussi forte : dès-lors l'époque du semis doit être différente, suivant les climats; elle doit l'être encore relativement à la constitution de la saison. S'il y a un point fixe pour semer, c'est celui où, selon toute apparence, on ne craint plus l'effet des gelées. Dans chaque canton, dans chaque Village, l'époque est à-peu-près déterminée au jour de la Fête de tel ou tel Saint, & l'expérience a prouvé assez bien qu'elle l'étoit dans un temps favorable, sans quoi elle n'auroit pas passé en proverbe : j'aime mieux cette désignation d'époque, que celle qui est prise de la nouvelle ou pleine lune de Mars, d'Avril, &c. Cette nouvelle ou pleine lune varie d'année en année, & peut être trente-trois jours, plutôt ou plus tard; plutôt, on craint encore les gelées; plus tard, la chaleur précipite trop la végétation de la plante. On peut cependant dire en général, qu'on trouve du premier au trente Avril l'époque convenable à la majeure partie du Royaume, & que celle du mois d'Octobre convient aux cantons des Provinces méridionales où l'on ne redoute pas les gelées de l'hiver; on doit y semer le chanvre comme le lin. Etudions la maniere d'être du climat dans lequel nous vivons : voilà la regle la plus sûre.

L'expérience a prouvé qu'il valoit mieux semer plutôt que plus tard, au risque de perdre sa semence & leurs jeunes plantes par la gelée. Je conviens qu'il y a perte de travail & perte de semence, mais on gagne sur la saison, & les plantes n'étant pas pressées par la chaleur, filent, s'élevent plus, & donnent de la plus belle filasse, lorsqu'elles évitent les gelées.

C'est une calamité très-grande dans

le pays, lorsque le froid fait périr la semence; alors on est aux expédiens, son prix double & triple, & souvent on ne trouve plus que des graines de médiocre ou de mauvaise qualité. Le propriétaire intelligent met à part le double de semences pour le besoin. Si la saison rend sa précaution superflue, il en est quitte pour vendre sa graine surnuméraire, ou bien il la garde, & s'en sert pour nourrir sa volaille.

Si lorsque l'époque de semer est venue, on prévoit que l'on ne tardera pas à avoir de la pluie, il faut faire cesser tous les autres travaux de la métairie, afin d'accélérer, autant que faire se pourra, les préparations, les semis, les hersages, &c. &c. Si le ciel est couvert de brouillards, de petites bruines, c'est encore un moment propice; la germination de la graine sera prompte, & souvent de ce début dépend la prospérité de la récolte entiere. Si le printemps & l'été sont pluvieux, le chanvre semé en terrain léger & qui retient peu l'eau, sera magnifique, & il sera étique & maigre dans les sols où l'argille dominera: ce sera le contraire, si ces deux saisons sont seches.

Le célebre Toaldo a eu jusqu'à un certain point raifon de dire, *annus fructificat, non terra*. La plante nouvellement pouffée, aime les pluies douces & chaudes, & elle redoute ces averfes, ces orages qui jettent l'eau à profufion, & dont la chûte preffe & ferre la terre.

Fixer définitivement la quantité de femences qu'on doit répandre fur un arpent, n'eft pas chofe aifée : ou difons mieux ; toute regle en ce genre feroit abufive, puifque cette quantité dépend de la qualité de la graine, de la maniere d'être du climat, & des principes conftituans du fol. Cependant on peut dire par approximation, qu'un feptier de femence fuffit par arpent, mefure de Paris, & que fa production eft de fept à neuf cent livres de filaffe, & fouvent d'un tiers de plus dans les terres bonnes & bien amendées. Cette filaffe vaut de fix à quinze fous la livre, fuivant fa qualité, & on a en fus l'étoupe & la graine de chenevis ; la filaffe triple fa valeur, lorfqu'elle eft fupérieurement travaillée. J'ai vu, en Frife, payer jufqu'à vingt-quatre livres la feule filature d'une livre de chanvre peigné & préparé.

Après qu'on a farclé & fupprimé les pieds furnuméraires, il faut attendre la maturité sans autres soins, à moins qu'on n'ait la facilité de faire entrer l'eau dans la cheneviere, suivant le besoin. Ces irrigations ne produisent jamais d'effets aussi avantageux que les pluies venues à propos ; celles-ci humectent la terre comme les premieres, & sur-tout elles couvrent d'une humidité salutaire les feuilles & les tiges ; lorsque la pluie est cessée, la force de la végétation est surprenante, ainsi que sa forte transpiration par la chaleur.

SECTION QUATRIEME.

Des époques auxquelles on doit arracher le Chanvre, & de la maniere d'en récolter la graine.

§. I.

Du Chanvre mâle.

CHAQUE plante végete, d'après la loi qui lui est prescrite par l'Auteur de tous les Êtres, & d'après cette loi, la plante subsiste jusqu'à ce qu'elle ait rempli le but pour lequel elle étoit destinée. C'est ainsi que la feuille subsiste sur un arbre, (toutes choses d'ailleurs égales,) jusqu'à ce que le bouton ait atteint sa perfection & soit en état de devenir *bourgeon* l'année suivante ; alors la sinovie qui nourrissoit l'articulation de la feuille avec l'arbre, se desseche, la feuille ne reçoit plus de nourriture & tombe ; enfin elle a rempli sa loi. Le chanvre mâle, ou chanvre *à fleurs* existe pour vivifier les embryons portés par les fleurs femelles ou plantes *à graines*. Lorsque la fécondation est achevée sa tache est remplie, & il ne tarde pas à sécher sur pied, tandis que la plante femelle subsistera & végétera environ trois semaines de plus, & même pendant un mois, ou six semaines, suivant le climat & la saison, parce qu'elle doit nourrir & laisser aux graines le temps d'acquérir leur pleine croissance & leur entiere perfection.

La plante de chanvre mâle doit donc de toute nécessité être ce que nous appellons *mûre*, plutôt que la plante femelle. Cette maturité est due dans les plantes annuelles à la soustraction de la seve, & cette soustraction, au manque des ressources pour rétablir son ascension, que possedent les plantes vivaces. Il seroit ici superflu de suivre les causes de ces différences ; il suffit de savoir qu'à mesure que les tiges de chanvre mâle approchent de leur maturité, leur belle couleur verte pâlit peu-à-peu, jaunit, & se changeroit enfin en une couleur brune, tirant sur le noir, si on les laissoit long-temps sur pied. Les feuilles peu-à-peu s'inclinent, jaunissent, se flétrissent enfin, & la plante a rempli sa destination.

On sent fort bien que l'époque de cette maturité varie suivant le climat dans les différentes Provinces du Royaume, & suivant l'époque à laquelle on a fait le semis; on peut cependant dire en général, que le chanvre mâle est mûr à la mi-Août. Heureuses sont les Provinces où l'époque de la maturité est devancée! on aura plus de temps pour le bien rouir, moins d'accidens à redouter, un meilleur rouissage, & la terre pourra donner d'autres productions.

Lorsque le chanvre mâle est mûr, on l'arrache de terre sans endommager les plantes à graines; on rassemble en faisceaux un certain nombre de tiges, environ une bonne brassée, & on assujettit ce faisceau communément par deux liens faits avec les mêmes tiges, l'un près du haut & l'autre près des racines: il vaudroit encore mieux leur en donner

ner un troisieme, dont on connoîtra l'avantage, lorsqu'on mettra ou sortira les faisceaux du routoir; cette petite précaution épargnera beaucoup d'embarras.

Une coutume très-préjudiciable s'est établie dans plusieurs de nos Provinces. Dès que le chanvre mâle est mûr, on récolte en même-temps le chanvre femelle. Pourquoi contrarier ainsi le vœu de la nature! Après cela, comment avoir un bon rouissage pour des plantes mêlées ensemble & si différentes, quant à la maturité & à la perfection de l'écorce? C'est plutôt fait, dira-t-on, & plus économique. Il n'y a aucune réponse pour ceux qui aiment si fort à expédier le travail, en le faisant mal; cependant s'ils prenoient la peine de réfléchir sur leurs intérêts, ils ne tiendroient pas ce langage. Je mets en fait, que revenir une seconde fois sur le champ pour arracher les pieds à graines, n'occasionnera pas une dépense surnuméraire de plus de trois livres sur un champ d'une étendue donnée, tandis que la détérioration que la filasse éprouvera, ainsi que son très-grand déchet en étoupe, équivaudra à un quart de la valeur du total de la récolte. Cette expérience de comparaison est trop saillante pour qu'il soit nécessaire d'insister sur cet objet.

Section seconde.

Du Chanvre femelle, pour la graine.

Les caracteres dont on vient de parler, indiqueront le temps de la maturité de la plante femelle; blancheur près de la racine, couleur fauve des tiges, feuilles jaunes & flétries, la semence bien formée & visible dans quelques enveloppes. La perfection & la maturité des graines ne sont pas égales dans toutes sur le même pied; sur-tout, si dans le temps de la fleuraison il est survenu des pluies ou des vent froids; alors la fleuraison est suspendue, & le temps nécessaire à la perfection de la graine suit cette intermittence. Outre ces retards accidentels, les fleurs qui se succedent, ne paroissent jamais au même jour, & celles des houppes inférieures sont plus précoces que celles des supérieures, &c.

D'après ce détail, on voit combien il est essentiel de récolter, d'arracher les plantes femelles avec soin & sans secousses, afin que la graine la plus mûre ne tombe pas sur le sol, en pure perte. Le bon économe couvre une portion du champ avec des draps, des toiles destinés à recevoir les tiges à mesure qu'on les arrache. Si la pauvreté du Cultivateur ne lui permet pas de faire usage de ces toiles, qu'il applanisse alors & régale une portion du champ comme une aire à battre le bled, & il ne perdra point de graines; ou bien qu'il récolte les tiges de grand matin & à la rosée, & les porte près de la grange, afin de les y exposer au gros soleil & dans un lieu propre, au moment même de leur arrivée. L'humidité de la rosée renfle le calice & y retient la graine. Mais s'il laissoit ces tiges accumulées, l'humidité ne se dissiperoit pas, & la graine en souffriroit.

Je n'aime point la méthode de laisser sur la lisiere du champ une bordure plus ou moins large de plantes femelles; il en résulte plusieurs inconvéniens. Ces tiges mal défendues à cause du petit nombre des tiges voisines, sont agitées par les vents, & à mesure que les graines mûrissent, sur-tout s'il fait chaud, la majeure partie s'échappe de son calice. De plus, si avant la premiere maturité des graines, il survient un orage, un coup de vent violent, les tiges en sont pliées, coudées, la végétation interrompue, & la graine mûrit mal, ou ne mûrit point du tout. Tous les oiseaux à bec rond & court, comme les moineaux, les verdiers, pinçons, linots, &c., se jettent en foule sur les tiges, & à mesure que la graine mûrit, elle est dévorée : elle le sera également, il est vrai, en laissant tous les pieds femelles sur le champ; mais comme leur nombre sera très-considérable, on ne s'appercevra pas si aisément de sa perte. Le chanvre, dira-t-on, n'appartient-il pas aux oiseaux comme à l'homme ? leur disputerons-nous jusqu'au petit fruit de l'aubepin qui rougit sur les haies & les buissons : il est dans l'ordre naturel que chaque individu vive; laissons en donc un peu pour eux, & que le surplus soit pour nous, c'est dans l'ordre : sans doute, mais ne leur abandonnons pas tout-à-fait la semence sur laquelle nous avons compté.

Soit que le chenevis ait été semé uniquement pour en retirer la graine, plus belle ou meilleure, soit qu'on ait laissé végéter tous les pieds femelles jusqu'à leur maturité, ou enfin qu'on se soit contenté d'en avoir une lisiere sur les bords du champ, il est important de ne pas hâter leur desiccation au soleil, afin que les tiges ne soient pas trop seches, lorsqu'on les mettra au routoir.

Dès que les plantes femelles ont été apportées près de la grange, on les étend par rangées sur des toiles, au moins leurs têtes ; on les expose au gros soleil, & on les retourne plusieurs fois dans la journée, on les range en javelles le soir, après avoir battu & sécoué leurs têtes. Le lendemain elles sont étendues de nouveau, battues, retournées, reliées, & ainsi de suite, jusqu'à ce qu'on ait retiré toute la bonne graine. Si les toiles manquent, elles seront suppléées, en plaçant les tiges contre un mur, & en observant les mêmes procédés.

La graine tombée sur les toiles, ou sur l'aire dans le champ, ainsi que celle qui aura été recueillie près de la grange, doivent rester au soleil pendant plusieurs jours, & être vannées, à mesure qu'on les retire par le battage ou autrement, afin de les débarrasser des calices qui les enveloppoient, des feuilles qui y sont mêlées, enfin de tout corps étranger. Sans cette précaution, les immondices attirent & conservent l'humidité de l'air, & la communiquent à la graine. Chaque soir & avant la chûte de la rosée, la graine doit être mise à l'abri ou sur le lieu même, recouverte avec des toiles, ou dans un grenier où regne un libre courant d'air, capable de dissiper l'humidité, ayant soin de fermer ses portes & ses fenêtres, lorsqu'il y a des brouillards, & pendant les longues pluies.

Il est aisé de conclure, d'après ce qui vient d'être dit, combien est abusive une méthode suivie dans plusieurs cantons du Royaume. On y ouvre une fosse circulaire, & on range tout autour les gerbes de chanvre, de maniere que la tête des tiges couvre la fosse. Lorsque tout le chanvre est ainsi rangé sur une ou sur plusieurs fosses, on recouvre avec la terre tirée de la fosse, la partie des gerbes qui la couvrent. L'eau de végétation encore contenue dans la plante, échauffée par le soleil, ainsi que la vapeur qui s'éleve du fond de la fosse, entre en fermentation, le calice s'ouvre, laisse échapper la graine; enfin elle tombe dans la fosse. Sans parler de l'inégalité de la dessiccation de la partie de la tige exposée à l'air, & de celle recouverte de terre, il est clair & démontré que la fermentation s'établit, que la chaleur humide augmente, qu'elle agit fortement sur la graine, dont la coque est encore tendre ; enfin qu'on rassemble ainsi tous les moyens pour la disposer à acquérir promptement la rancidité, si elle n'est pas déja rance avant de la tirer de la fosse. Que sera-ce donc, s'il survient des pluies, si ces têtes sont obligées de rester plus long-temps enfouies qu'on ne le comptoit ? Le même inconvénient a lieu, lorsqu'on laisse trop long-temps les gerbes amoncelées les unes sur les autres. Le meilleur & le plus clair expédient, lorsqu'on veut avoir de la bonne graine, est donc d'éparpiller les tiges, afin que le chenevis se seche & tombe le plus promptement possible. On objectera qu'à cette époque il peut survenir des pluies, des occupations plus pressées : mais alors l'on fait comme l'on peut, en s'écartant le moins qu'il est possible des loix de la nature. On doit songer à deux choses, 1°. à avoir de la bonne graine ; 2°. à ne pas laisser secher plus que de raison les tiges, afin d'en retirer une meilleure filasse. Celui qui ne veut rien perdre, peut ne laisser que les têtes exposées au soleil, & couvrir d'une maniere quelconque le reste des tiges.

La récolte du chanvre faite en deux temps, a encore plusieurs avantages, outre ceux dont on a parlé. Ayant une moins grande masse à faire rouir, on prépare plus commodément, & sur-tout moins à la hâte les routoirs. Si ceux-ci ne sont pas assez spacieux pour tout le chanvre arraché, on sera obligé d'attendre qu'ils soient libres, & le gluten de la plante qui aura été desséchée par le soleil sera plus difficile à dissoudre, lorsqu'on la mettra dans l'eau. S'il survient des pluies sur ce chanvre surnuméraire, sa qualité en sera altérée ; si on le ferme en grange, ou en meule, il noircit. C'est une des grandes causes du peu de qualité des tiges à graines, que l'on a conservées pour les en retirer, que celle de ne pas les faire rouir, lorsqu'elles sont fraîchement arrachées. Il est constant que la filasse de la plante mâle est plus douce, plus fine que celle de la plante femelle ; c'est encore un motif qui doit déterminer l'Agriculteur à séparer ces deux especes, afin qu'elles soient travaillées & ouvrées à part.

CHAPITRE SECOND.

Des manieres connues de faire rouir le Chanvre.

SECTION PREMIERE.

Du rouiſſage à l'air.

LA diſette d'eau, l'éloignement des rivieres, des ruiſſeaux, ont réveillé l'induſtrie de l'homme; il s'eſt fait une méthode qui équivaut en partie au rouiſſage à l'eau, dont il ſera queſtion ci-après. Le rouiſſage à l'air eſt peut-être la premiere méthode dont l'homme ſe ſoit ſervi, puiſqu'elle eſt plus ſimple que l'autre.

Il y a pluſieurs moyens de rouir à l'air, & tous ont leur inconvénient. Le premier conſiſte à placer contre un mur les faiſceaux à meſure qu'on les amene du champ, de les délier & étendre, afin que chaque tige ſoit frappée des rayons du ſoleil, & jouiſſe des influences de l'athmoſphere. On ſent bien que ſi la récolte eſt abondante, l'eſpace manque bientôt. Alors on a recours au second moyen, qui est de placer les tiges contre des buissons : dans le premier cas, les plantes reçoivent mieux les rayons du soleil, parce qu'ils ne sont pas coupés, ou interrompus par les courans d'air qui ont lieu dans les buissons. Auprès de ceux-ci, elles sont plutôt desséchées que rouies, puisque le courant d'air réuni à la chaleur, augmente l'évaporation & hâte trop la dessiccation. La troisieme méthode est de coucher les tiges sur terre, & encore mieux sur un pré nouvellement fauché. Les rosées y sont plus fortes, & il y a par conséquent plus d'humidité qui pénetre le gluten : mais s'il survient des pluies un peu fortes, la terre qu'elles font éclabousser sur les tiges, entachent la filasse, sur-tout si la terre est un peu ferrugineuse. Ces taches ne disparoissent qu'à la longue & diminuent la valeur du prix de la filasse. Si les pluies sont continues, de longue durée, il arrive souvent que la filasse en est très-détériorée, noircie & de peu de valeur. Quelque soit la méthode que l'on suive, il faut au moins deux fois chaque jour retourner ces tiges, afin que les agens de l'athmosphere travaillent également sur elles ; on les retourne le matin & le soir, & si l'on peut les arroser dans la sécheresse, c'est encore mieux.

Le grand & essentiel défaut de ces préparations, est que le gluten n'éprouve pas une bonne fermentation, & encore je ne sais s'il en éprouve aucune. Tout ce que l'on voit évidemment, ce sont des dissolutions & des dessications renouvellées par les rosées, les petites pluies, les arrosemens ou irrigations ; la fraîcheur humide des prés ou de la terre pendant la nuit, l'exsiccation enfin, & la chaleur alternative de l'air & du soleil pendant le jour. Ces mouvemens durent & sont répétés pendant long-temps, puisqu'il faut souvent plus d'un mois pour opérer ce rouissage. Le gluten de la plante peut en être dissous, entraîné & atténué tant bien que mal, suivant les circonstances plus ou moins favorables.

Si ces plantes éprouvent quelques légeres améliorations, elles doivent cet avantage au gaz acide contenu dans l'air athmosphérique, dont on connoît la grande puissance pour ronger, détruire & changer les couleurs végétales. L'action des rosées qui sont également & en abondance, chargées de cet acide, produit la dissolution du gluten (1). C'est ainsi que l'on dissout la partie colorante, résineuse, grasse, ou huileuse, de la cire jaune, lorsqu'on la fait blanchir, ce qui la rend aussi moins inflammable ; c'est ainsi que l'on fait blanchir la soie, qui devient naturellement blanche comme celle de Nankin, c'est ainsi qu'on l'obtient naturellement blanche dans nos climats, en faisant travailler le ver en plein air sur des mûriers à grand vent, ou en espalier ; enfin c'est ainsi que ces agens blanchissent les fils & les toiles : ils réunissent à l'avantage des dissolutions aqueuses, celle des acides.

Pour connoître quand le chanvre est assez roui, le Cultivateur prendra chaque jour une tige & la cassera par le milieu ; si la filasse se détache facilement d'un bout à l'autre, c'est une preuve que le chanvre est bien roui.

Il y a encore une autre méthode de rouir sur la prairie nouvellement fauchée ; on y étend le chanvre, & on le laisse pendant la nuit seulement ; l'opération commence au moment du coucher du

---

(1) Nous examinerons par la suite quels sont les principes de ce gluten.

soleil. Le lendemain, avant que le soleil paroisse, & pendant que le chanvre est chargé de rosée, on l'enleve complettement, on l'amoncelle dans un même tas, qui est aussi-tôt entiérement recouvert avec de la paille. Dès que le soleil va se coucher, on divise le monceau, on éparpille le chanvre comme la premiere fois, & ainsi de suite, jusqu'à ce qu'il soit parfaitement roui.

Il est aisé de voir que la mouillure causée par la rosée, outre le gaz acide qu'elle contient, pénetre le gluten des tiges ; que les tiges amoncelées ensuite, doivent éprouver une plus forte fermentation que par les méthodes indiquées ci-dessus, puisqu'on s'oppose ainsi à l'évaporation d'une grande partie de cette humidité, par la paille dont on couvre le monceau. Ce moyen plus coûteux par la main d'œuvre, est cependant à préférer aux trois autres, lorsqu'on veut obtenir une belle & bonne filasse ; mais son grand défaut vient de ce que cette fermentation si nécessaire est interrompue pendant le jour.

SECTION SECONDE.

Du rouissage par la gelée.

On a proposé de rouir par la gelée ; mais en décrire le procédé, c'est en montrer les inconvéniens. La filasse que j'ai vue, ainsi retirée, avoit de la blancheur, de la finesse, & formoit de belles toiles, mais d'un blanc mat ; le fil en étoit sans nerf, la toile foible & cotoneuse. Le procédé consiste à soumettre à l'action de la gelée, du chanvre bien mouillé, & que l'on avoit conservé sec depuis la récolte sans être roui. Cette opération ne peut être regardée comme un rouissage ; c'est une simple division méchanique de parties, sans dissolution physique, & qui se fait uniquement par la propriété que la glace a d'occuper plus de volume que l'eau, de briser ou distendre les vases qui la contiennent. Certainement la fibre du chanvre ou filasse, est vraiment divisée par ce moyen, mais la division n'a pas lieu uniquement entre une fibre & l'autre, il se fait une extension dans sa continuité même. Lorsque la plante vient ensuite à dégeler, à être séchée à l'air, ou au haloir; la filasse abandonne assez mal sa chenevotte, la résine (1) n'a pas pu être dissoute par le *medium* gommeux, parce qu'elle n'a éprouvé ni dissolution, ni fermentation ; la gomme subit une dissolution, mais elle reprend consistance en séchant. La filasse que l'on retire ainsi est comme vernie, c'est ce qui lui donne de l'éclat, & sa *dureté*, qu'on appelle *force*, s'évanouit avec le vernis. Le blanchiment des toiles préparées avec ce fil, exige des lessives plus fortes, plus réitérées, & étant laissées plus de temps sur le pré pour les blanchir, leur éclat se dissipe avec le vernis.

Si cet essai eût réussi, il est constant que tout autre rouissage auroit été superflu, & qu'on auroit préféré celui par la gelée, lors même qu'on ne l'eût appliqué qu'à la filasse, si elle n'en avoit pas été affoiblie. Ce n'est pas le défaut de dégommage qui avoit nécessité de multiplier les opérations dans la blanchisserie ; mais la gomme du chanvre est comme la gomme adragant, difficile à dissoudre lorsqu'elle est seche, étant l'une & l'au-

---

(1) Son existence sera prouvée par la suite.

tre abondante en réfine, elle prend une couleur très-foncée dans fon exficcation. C'eft pourquoi, lorfque la pluie, ou des débordemens, ou d'autres circonftances, forcent de fermer le chanvre pour ne le rouir qu'au printemps, il brunit, & cette couleur plus foncée ne peut lui être enlevée par cette opération, ni même en eau courante. Ces chanvres colorés font toujours inférieurs en prix, à caufe de l'augmentation de dépenfe exigée par un plus long blanchiment. D'ailleurs, foit que l'on conferve les plantes en grange ou en meules, elles retiennent & attirent l'humidité comme un hygrometre, ainfi que beaucoup d'autres plantes, & cette humidité nuit effentiellement à la bonne qualité de la filaffe; néanmoins dans cette méthode on eft forcé de conferver le chanvre jufqu'aux gelées. L'action deftructive de la gelée fur les cordages eft fi connue dans la marine, que l'on y multiplie le plus que l'on peut l'ufage des cordes de fpart, dont le vernis naturel de chaque brin les garantit affez bien contre l'action de l'eau & de la gelée.

SECTION

SECTION TROISIEME.

Du Rouissage à l'eau.

Doit-on faire rouir dans l'eau courante, ou dans l'eau dormante ; laquelle de ces deux méthodes est la plus avantageuse ? Personne n'a encore donné la solution de ce problême : on a tâtonné, on a roulé autour du point de la question ; mais l'incertitude n'en subsiste pas moins encore, parce qu'on n'a pas assez connu le véritable principe, d'après lequel il convenoit de partir.

M. Du Hamel, dont l'autorité est d'un si grand poids en agriculture, paroît donner la préférence au rouissage dans l'eau croupissante, parce que, dit-il, la filasse en devient plus douce ; M. Marcandier, à qui l'on doit un bon Traité sur la culture du chanvre, préfere l'eau la plus belle & la plus claire, sur-tout celles des rivieres, parce que le chanvre, dit-il, en est plus blanc, mieux conditionné, qu'il donne moins de déchet, enfin qu'il en sort moins de poussiere au battage. On sait que cette poussiere affecte cruellement les ouvriers occupés à ce genre de tra-

D

vail, & qu'elle attaque la poitrine. Il suffit d'entrer dans un moulin de battage pour s'en convaincre : cette poussiere prend aussi-tôt à la gorge, & l'on est obligé de sortir fatigué par une toux cruelle & opiniâtre.

La Société d'Agriculture de Bretagne, s'est beaucoup occupée de la culture & de la préparation du chanvre ; voici ce qui est résulté de ses travaux, & comment s'explique un de ses membres très-expérimenté.

" Dans les années froides & pluvieuses, la plante doit être foible & plus herbacée ; dans les années seches, le chanvre doit être plus fort, mais en même-temps plus ligneux. Pourquoi se flatter que les mêmes eaux appliquées à des productions si différentes, produiront un effet aussi avantageux sur les unes que sur les autres ? „

« Pour écarter toute incertitude à cet égard, on a fait arracher du chanvre dans différens endroits de la Province, & on l'a pris en différens états. L'un avoit été recueilli avant la maturité, l'autre dans le temps de la maturité même, & le troisieme, plusieurs jours après. Chacun des paquets des trois especes de chanvre, fut divisé en deux parties égales, dont l'une fut mise à rouir dans l'eau courante & l'autre dans l'eau dormante; ils furent ensuite peignés avec un très-grand soin, & examinés avec la plus scrupuleuse attention par une personne qui connoît parfaitement les défauts & les bonnes qualités de cette matiere. ,,

" 1°. On a remarqué une différence sensible entre le chanvre arraché dans les trois états dont on a parlé ; 2°. tous ceux qui ont rouis dans des eaux courantes, sont sans comparaison plus blancs que ceux de même qualité qu'on a rouis dans des eaux dormantes; 3°. les paquets arrachés avant la maturité, sont ceux qui ont acquis le plus haut dégré de blancheur ; 4°. les chanvres les plus blancs ont donné moins de déchet total, en rassemblant celui de chaque préparation en particulier ; mais ceux qui avoient roui dans des eaux dormantes, ont fourni une plus grande quantité de premier brin, & les grands déchets n'ont porté que sur des préparations inférieures; 5°. les chanvres qu'on avoit jugé les meilleurs & les plus beaux avant d'être peignés, ne se sont pas toujours soutenus dans l'opération du Peigneur. Ceux qu'on avoit d'abord regardés comme médiocres &

même inférieurs, se sont trouvés les plus beaux & les meilleurs après avoir été peignés. ,, Ces expériences sont importantes pour la toilerie & la corderie.

De ces observations, passons à la manipulation du rouissage.

Rouissage à l'eau dormante : Plusieurs personnes sont intimément & très-mal-à-propos persuadées qu'on doit couper les têtes & les racines des tiges avant ou après en avoir fait des faisceaux de dix à douze pouces de circonférence : mais nous indiquerons dans la troisieme partie de ce Mémoire, les avantages qu'on peut retirer des unes & des autres. Une seconde méthode abusive, est de tenir les javelles écartées en sautoir, & la tête en haut, afin qu'elles sechent mieux avant le rouissage. Cette opération est essentiellement nuisible, puisque le gluten se dissout plus difficilement à mesure & en proportion de l'exsiccation de la plante. Bien des gens font encore passer les têtes par l'égrugeoir, afin de séparer la plus grosse partie des fleurs & des feuilles. C'est du temps perdu, il convient même de leur en laisser, elles favorisent la fermentation.

Tous les faisceaux ou javelles, doivent être maintenus par deux, & même par trois liens, ainsi qu'il a déja été dit. Si un ou deux manquent, le dernier empêche que les tiges ne se confondent les unes dans les autres; enfin, ces liens facilitent le maniement des javelles, sur-tout celui du milieu.

Plus le local sera petit, en proportion de la masse du chanvre à rouir; c'est-à-dire moins il contiendra un grand volume d'eau, & plus promptement le rouissage sera achevé. Mais on doit avoir la plus scrupuleuse attention d'observer la qualité du chanvre mis à rouir, & la chaleur de la saison. Un chanvre trop sec rouira plus difficilement : tout chanvre restera plus long-temps dans le routoir, si la saison est froide, & en raison des alternatives de l'athmosphere, soit en froid, soit en chaud. Lorsque toutes les javelles sont rangées par lit les unes sur les autres, on en couvre la superficie avec de la paille, & on la charge de pierres, afin que l'eau ne souleve pas la masse, & de maniere néanmoins que l'eau la recouvre de six à huit pouces; si l'on a la facilité d'avoir une marre, ou réservoir, dans lesquels on conduise l'eau à volonté, il est plus expéditif de ranger les javelles à sec, elles le seront beaucoup mieux. Enfin, lorsque toute la masse des javelles sera disposée, chargée de pierres, &c., on donnera de l'eau & on en remplira la marre.

On doit observer dans ce genre de rouissage, que les javelles de la partie supérieure, sont plutôt rouies que les inférieures, & celles du milieu que celles des côtés, la fermentation étant plus active dans le centre, les javelles de dessus sont dans une eau plus échauffée que celles du fond, parce que l'eau chaude plus légere que la froide, surnage : d'ailleurs la chaleur du soleil agit plus directement sur l'eau des couches supérieures, que sur celle des inférieures ; il en résulte donc que le rouissage des javelles supérieures est achevé, lorsque celui des inférieures ne l'est pas ; on devroit alors, à plusieurs reprises, tirer le chanvre de l'eau.

On peut, sur ces marres, sur ces réservoirs, pratiquer avec des perches une espece de toit, & le recouvrir avec de la paille ; alors la chaleur que l'eau acquiert par la fermentation du chanvre, ne se perd pas dans le vague de l'air, & le rouissage est beaucoup plutôt achevé.

Si on a la facilité d'ouvrir un dégorgeoir au bas de la marre ou du réservoir, outre celui de superficie, on facilitera l'écoulement de l'eau. Lorsque le rouissage sera achevé, on laissera écouler l'eau ; alors les malheureux valets seront moins affectés par la mauvaise odeur, & ne prendront pas le plus horrible & le plus désagréable de tous les bains, pour retirer le chanvre, & en placer de nouveau.

Du rouissage à l'eau courante : Cette opération exige beaucoup plus de précautions que la précédente, en raison de la rapidité & de la quantité d'eau de la riviere.

Le premier soin, dans les grandes rivieres, est de planter des forts piquets, bien enfoncés aux quatre angles de l'espace que doit occuper la masse de chanvre à rouir ; de placer ensuite un ou deux piquets sur chaque face & à égale distance : enfin, d'en planter dans la ligne du centre, qui correspondent avec les autres. Cette précaution étant prise, on fait quatre rangées entieres de javelles, serrées le plus qu'il est possible les unes contre les autres, afin que le courant ait moins de prise sur elles ; leur rapprochement doit être en raison de la rapidité du courant. On assujettit ces javelles en fixant au dessus, de longues perches, que l'on attache aux piquets. De nouveaux rangs de javelles sont disposés, de nouvelles perches, &c. & ainsi de suite rang par rang, jusqu'à ce que toute la masse soit disposée. Les perches supérieures doivent être plus multipliées, mieux liées, afin qu'elles ne soient pas dérangées par l'eau, & qu'elles maintiennent toutes les javelles. Il ne reste plus qu'à charger le tout avec de grosses pierres.

Cette manipulation exige plus de main-d'œuvre, & le premier achat des perches; mais elle est essentielle, & tout propriétaire prévoyant la regardera ainsi. En effet, vaut-il mieux faire des avances modiques, ou courir les risques de voir dans un moment une masse entiere de chanvre entraînée, & disparoître par une crue subite de la riviere ? On ne risque jamais rien à travailler solidement, & sur cet article, comme sur les autres, le propriétaire doit tout voir exécuter sous ses yeux; s'il s'en rapporte à ses valets, il doit s'attendre à de fâcheux événemens. Il peut perdre en un instant ce qui lui a coûté beaucoup d'avances; c'est le cas de dire avec l'immortel Franklin: " Une petite négligence peut porter un grand préjudice; car faute d'un clou, on a perdu un fer; faute d'un fer, on a perdu un cheval; & faute d'un cheval on a perdu un cavalier, qui a été furpris & tué par les ennemis. „

Il eſt plus aiſé d'établir un routoir dans les petites rivieres, dans les ruiſſeaux; mais on a le même inconvénient à craindre, à cauſe de l'impétuoſité fortuite de leur cours, après les pluies d'orages, ou par les pluies trop long-temps ſoutenues.

Les époques *les plus ordinaires* des orages dans la baſſe-Provence & dans le bas-Languedoc, ſont les mois de Mai & de Juin ; ceux de Juin & de Juillet, pour les climats approchans de celui de Lyon; & les mois de Juillet & d'Août, dans la température de celui de Paris. On a donc à redouter dans les ruiſſeaux, que la maſſe des javelles ſoit emportée comme dans les grandes rivieres; mais ſi elle réſiſte à leur impétuoſité, par le ſecours des piquets, des perches & de leurs liens, il eſt à craindre auſſi que ce monceau ne ſoit enſeveli ſous le ſable. Dans cette poſition, le chanvre déja bien pénétré par l'eau, achevera très-promptement ſa fermentation, parce que la chaleur de la maſſe trouvera peu d'iſſues, & par conſéquent s'y conſervera; mais il eſt dangereux que ce ſable ne ſoit ferrugineux, ou mêlé de terre. Dans l'un & l'autre cas, ils communiquent chacun aux tiges la couleur qui leur eſt propre, ce qui diminue de beaucoup le prix de la filaſſe, parce qu'elle en eſt tachée d'une maniere déſagréable. Comme la fermentation eſt excitée par la chaleur intérieure, & que ſes progrès ſont très-rapides, ſi l'on n'y remédie, ou ſi on ne l'arrête pas au point néceſſaire, la filaſſe pourrit, tout eſt perdu, ou preſque perdu. Dans cette occaſion fâcheuſe, il eſt plus prudent de ſe hâter d'enlever le ſable & la terre, de détacher les liens des perches, de déplacer les javelles, de les laver à grande eau, juſqu'à ce que toute la partie terreuſe ſoit diſſipée ; enfin de recommencer la premiere opération, en obſervant de ne laiſſer enſuite rouir les javelles qu'autant de temps qu'il eſt néceſſaire. Il eſt rare, & très-rare, après un pareil accident, que le rouiſſage ſoit parfait ; mais il vaut encore mieux avoir une filaſſe d'une qualité un peu inférieure, que de l'avoir pourrie, ou entiérement maculée.

Ces différens inconvéniens ont fait naître l'idée de rouir, en formant des radeaux avec des bottes de chanvre bien ſolidement attachées à des perches. Ces radeaux font convenables, lorſqu'on veut rouir ſur des rivieres rapides, & à bords profonds.

SECTION QUATRIEME.

Des ſoins que demande le Chanvre après qu'il a été roui.

LA diverſité des climats néceſſite des manipulations différentes pour faire ſécher le chanvre après le rouiſſage. Dans les Provinces du midi du Royaume, & dans celles qui les avoiſinent, l'activité du ſoleil eſt très-forte dans les mois de Juillet, Août & Septembre, il eſt donc inutile de recourir à aucun autre expédient. Les Cultivateurs qui craignent la peine, ſe contentent de couper les liens inférieurs, de conſerver celui de la tête; d'élargir & ſéparer les tiges par le bas, & de leur faire occuper un très-grand eſpace; ces javelles expoſées au ſoleil, & droites, ſont bientôt deſſechées par ſa chaleur & par le courant d'air qui paſſe entre chaque tige. Il n'en eſt pas ainſi de la partie ſupérieure de la javelle qui avoiſine le lien de la tête, & où le sommet des tiges placées en sautoir, & pressées les unes contre les autres, laisse peu d'espace à la circulation de l'air. Il faut beaucoup plus de temps pour en dissiper toute l'humidité.

Le propriétaire plus attentif, porte les javelles, après les avoir bien lavées, sur la pelouse qu'elles doivent couvrir, détache les liens, les allonge sur cette pelouse, étend la javelle par dessus, en sépare les brins, & les tourne & retourne plusieurs fois dans la journée. Il est rare que cette opération soit continuée plus de deux à trois jours de suite. Lorsque la javelle est bien seche, il releve les deux bouts des liens, les serre & les noue de nouveau. Voilà la javelle en état d'être portée au grenier, ou sous des hangards exposés à un courant d'air; la javelle dans cet état, n'attend plus que d'être teillée, & pourroit se passer du haloir.

Dans les cantons du Royaume moins chauds, ou par leur rapprochement du Nord, ou par leur élévation, ce qui revient au même, l'art doit aider la nature; c'est là que le haloir, ou sechoir devient utile.

Chacun le construit à sa maniere : c'est ordinairement une masure découverte, une enceinte de muraille, une caverne, un chemin bas coupé, le dessous d'un rocher, une voûte qui soit à l'abri du vent du Nord, &c., dans le haut desquels l'on place des perches de bois verd & dépouillé de son écorce, qui portent du chanvre roui de l'épaisseur de six pouces, & élevés de cinq à six pieds au dessus de l'âtre d'un foyer, que l'on entretient ordinairement avec des chenevottes, ou autres substances combustibles, qui donnent une flamme sans fumée, & l'on retourne de temps à autre toutes les tiges, afin qu'elles sechent également.

Cette opération ressemble à celle par laquelle on prépare les chataignes blanches dans le Limousin & dans les Cevennes. Il faut de l'habitude & de l'expérience, pour savoir à temps remplacer le chanvre sec par du nouveau, & de l'attention pour chauffer également toute l'étendue du haloir. Il faut que ces sechoires soient éloignées des habitations; car le feu y prend souvent. On seche aussi au four avec le même danger, & cette méthode est moins bonne. La filasse provenue de ce dernier chanvre est plus seche, plus cassante, les connoisseurs la trouvent plus rude, & la distinguent au maniement. Elle fournit une poussiere plus âcre que les autres dans les travaux subséquens qu'on lui fait subir. Si le chanvre mis au four est mouillé, ou bien humide, cette humidité suffoquée nuit à la filasse, qui, outre l'odeur de pourri, prend & garde la partie la plus colorée de cette fumée. Si dans le haloir, il reçoit de la fumée, la filasse y contracte une bien mauvaise odeur; elle ne blanchit que difficilement, parce que cette fumée la couvre d'un vernis huileux qui la rend difficile à teiller.

Le chanvre seché, au grand air, ou derriere un four, sans y être enfermé, est toujours le meilleur, le plus doux & le plus pesant. Je parlerai du teillage dans la troisieme partie.

Tel est l'exposé succinct des connoissances acquises sur la culture & le rouissage du chanvre. Examinons actuellement s'il est possible d'ajouter à la science, & de répondre d'une maniere plus exacte aux différentes questions énoncées dans le programme publié par la Société Royale. Ce qui vient d'être dit, permettra de plus grands rapprochemens, & une marche plus serrée pour ce qui reste à examiner.

ESSAIS
SUR
LA CULTURE
ET LE ROUISSAGE
DU CHANVRE.

SECONDE PARTIE.

Procédés nouveaux pour le rouissage du Chanvre, & la préparation de la teille.

SI depuis un grand nombre de siecles, la science a fait peu de progrès, si l'on a été de tâtonnemens en tâtonnemens ; enfin si l'on a suivi une pratique moutonniere, c'est qu'on n'a pas songé à chercher le point fixe, le seul d'où l'on devoit partir, & dont la connoiffance auroit dirigé toutes les manipulations. Pour avoir de la belle & bonne toile, il faut remonter à la préparation du fil, à la maniere de rouir le chanvre, & le tout doit dépendre, & être une fuite néceffaire de l'examen des principes conftituans du chanvre.

CHAPITRE PREMIER.
Quelle eft la vraie théorie du rouiffage du Chanvre ?

SECTION PREMIERE.
Analyfe du Chanvre.

LA feule écorce du chanvre doit nous occuper, puifque c'eft le principal but qui engage à cultiver cette plante. Elle recouvre, lorfqu'elle eft parvenue à fa maturité, un tube ligneux appellé *chenevotte*, & cette écorce qui a plufieurs plans de fibres, ou couches corticales, longitudinales, s'étend du bout de la racine au haut de la tige : ces plans s'écartent entr'eux pour laiffer paffer les queues, ou pétioles des feuilles.

Les fibres longitudinales de cette écorce font

sont très-contiguës latéralement; elles le sont aussi dans leurs épaisseurs, ou couches corticales, & toutes sont recouvertes par une autre membrane mince & transparente, qui est l'épiderme.

Cette épiderme est bien transparente sur la plante jeune, & dans son état herbacé; mais elle disparoît dans sa virilité. Alors elle se colle, ou adhere intimément à l'écorce dont il est question. Elle est une collection, un ruban sans trame, composé de fibres flexibles, très-déliées & foibles, chacune séparément; rompant avec peine dans la largeur de l'écorce, & se divisant sur leur longueur avec une grande facilité. Il faut un peu plus d'attention pour voir ou séparer les différens plans ou couches de ces fibrilles; telles sont les substances & leur maniere d'être qui se présentent à la vue de l'Observateur.

Beaucoup d'écorces de plantes d'arbustes peuvent servir à faire de la filasse, & être réduites en papier; mais soit que ces plantes soient moins faciles à cultiver, soit habitude, soit, ce qui est plus vraisemblable, que leur filasse n'en soit pas aussi bonne, elles n'ont pas été mise en usage. Les essais que l'on a fait en différens temps de plusieurs especes de lianes, de l'apo-

E

cin, du houblon, du jonc d'eau, du roseau, du spart, de l'abaca, du rafia, de la pitte, du bangi, du lierre en arbre, des orties, du papyrus, du bouleau, du tilleul, du palmier, du topinambour, du cocotier, du bananier, &c, ont prouvé la supériorité du chanvre & du lin; l'écorce qui se rapproche le plus de la leur, est celle du genêt, & sur-tout celle de la pitte & du ko des Chinois.

L'utilité & l'emploi de l'écorce, relativement à l'économie des végétaux, n'est pas du ressort de ce Mémoire. MM. Spalanzzani, Malphigi, Du Hamel, Bonnet, de la Boisse, s'en sont occupés avec succès; on peut consulter leurs ouvrages.

Le point essentiel dont je dois m'occuper, est de démontrer que le but du rouissage, est de rompre la cohésion des fibres, qui par leur réunion constituent l'écorce du chanvre. Cette cohésion se fait par l'intermede d'une colle ou gluten, & forme dans le végétal vivant un parenchyme, ou substance, ordinairement verte & organisée, appellée tissu cellulaire ou réticulaire, à cause de l'assemblage de ses rézeaux, *reticulare opus*, qui lie chaque fibrille, & chaque faisceau de fibres entr'eux, dont les mailles ou petits interstices sont plus étroites du côté du bois, que de celui de l'épiderme; elles semblent aussi, par le dehors, prendre un des principes de leur existence, de la lumiere qui les colore.

Les plantes étiolées sont peu colorées; mais dans le végétal annuel, mort ou mûr, ce qui est la même chose, cette substance, ou gluten, n'a plus aucune fonction à remplir; elle se desseche, se durcit, augmente la cohésion de la fibre qu'elle engaîne ou enveloppe, au point qu'une écorce seche est cassée, brisée presque aussi facilement dans tous les sens.

La vraie théorie du rouissage doit donc être l'éthyologie, ou la relation raisonnée des effets produits par les moyens d'enlever cette colle, de l'isoler de la partie fibreuse de l'écorce, en conservant à chaque fibrille constituant les faisceaux & les couches, toute la force & l'élasticité, & les autres perfections ou qualités que la nature lui a données. La perfection du rouissage seroit même de lui en faire acquérir; de la tanner, si on peut s'exprimer ainsi, sans nuire à sa force de cohésion, à sa fléxibilité, à son éclat & à sa finesse.

Il a donc fallu premiérement chercher le menstrue qui fût le meilleur dissolvant du gluten, sans l'être de la fibre, afin de le lui appliquer convenablement. D'après cette maniere de considérer le rouissage, il convient de le comparer avec les manœuvres employées à l'enlevement du suin des laines, au décruage de la soie, au dégraissage du coton; avec cette différence, que dans ces deux substances, chaque fibre est déja séparée de la fibre sa voisine; que la fibre ou le brin, est seulement verni par le gluten qu'il s'agit de lui enlever.

On sent bien que pour la préparation du chanvre, il faut choisir le dissolvant, non le meilleur, mais le plus commode & le moins dispendieux. Si dans ce Mémoire, je m'écarte quelquefois de ce but principal, ce n'est que pour mieux appuyer la théorie desirée. L'on peut s'en relâcher, lorsque l'on travaille sur des matieres précieuses, comme la soie, ou lorsqu'on desire donner au chanvre, pour certains emplois, une qualité qui le sorte de toute parité avec son usage ordinaire.

Ces observations nécessitent l'examen de cette question. Quel est ce gluten ? quel en est le meilleur dissolvant ? L'opinion a dit, *c'est de la gomme*; & l'usage a établi l'eau, comme son meilleur dissolvant.

L'on a seulement varié sur les différentes qualités de l'eau à employer. Ces assertions sont-elles démontrées ? c'est ce qu'il faut examiner.

Le suc que l'on obtient des végétaux, soit de leur écorce fraîche, soit de toutes autres parties parenchymateuses, par infusion, macération ou décoction, au moyen de l'eau, est nommé *extrait*.

Ces extraits sont différens, selon la plante, ou la partie de la plante que l'on examine; ce qui se réduit cependant à ces trois genres, la *gomme*, la *résine*, la *gomme-résine*, qui semble être un mélange intime ou exact des deux premieres. Le plus souvent ces trois principes sont mélangés entr'eux en proportions variables, & forment une substance savoneuse.

Quel est le principe existant dans l'écorce du chanvre ? c'est ce qu'on n'a point encore examiné, ou du moins je n'ai trouvé aucune notion exacte sur ce sujet. En maniant seulement cette plante fraîche, près de sa maturité, on voit aisément qu'elle est gommeuse, poisseuse, sur-tout dans la partie supérieure, qui est toujours moins seche, parce qu'elle est ombragée de feuilles. Mais combien n'existe-t-il pas de végétaux qui fourniffent des fucs dont l'apparence eft gommeufe, & qui malgré cela font trouvés réfineux, lorfqu'ils font defféchés, c'eft-à-dire, dont l'eau ne fait qu'une diffolution imparfaite ? Le chanvre rend un efprit recteur ou gaz aromatique ; à l'odorat, il eft naufeabond, âcre, & amer au goût.

Ceux qui font accoutumés à étudier les plantes, & à les claffer par leurs propriétés, par leurs caracteres tirés du goût & de l'odeur, ainfi que ceux qui les rangent, d'après leur port, ou *facies propria*, comprendront bien que cette plante eft abondante en principe huileux effentiel, c'eft-à-dire qu'elle contient de la réfine, lorfqu'elle eft feche ; on s'apperçoit également de ce principe, lorfqu'on la brûle feche. Son fquelette, fa chenevotte, même délavée & teillée, fournit la même odeur.

L'eau eft-elle le diffolvant du gluten de cette plante ? Il faut fe rappeller que l'eau fimplement *gommée*, diffout une affez grande quantité de réfine. La diffolution s'exécute bien mieux encore, fi ces deux fubftances ont été mêlées par la nature. C'eft ainfi que l'eau diffout l'opium, & plufieurs autres fubftances qui contiennent seulement une plus grande quantité de gomme que de réfine, ou le favon végétal.

Pour favoir donc exactement fi l'écorce de la plante à chanvre eft gommeufe, ou réfineufe, & dans quelles proportions ces principes s'y trouvent, il ne faut pas appliquer l'eau la premiere, mais les véhicules fpiritueux, qui, feuls ou chargés de réfine, ne peuvent diffoudre la gomme.

Pour cet effet, j'ai raffemblé avec foin, une livre d'écorce de chanvre mûr, fans être roui; l'ayant bien fait fécher dans un four, & maintenu comprimé pour que dans la fuite il occupât moins de volume. J'ai mis ce chanvre en digeftion avec de l'efprit de vin, lequel a pris une couleur jaunâtre affez foncée; filtré & évaporé, il a refté une réfine brune qui pefoit quatre gros, dix-huit grains. Toutes les écorces donnent de la réfine lorfqu'on les traite ainfi (1). Les herbes les plus

---

(1) La feconde écorce de l'orme, traitée de même, a donné bien moins de réfine; elle fournit par la décoction avec l'eau, un mucilage gommeux très-abondant. La tifane de cette écorce, fe digere cependant mieux que des diffolutions purement gommeufes. N'eft-ce pas à fa réfine qu'eft due la facilité avec laquelle les eftomacs froids & débiles, peuvent la digérer.

tendres donnent une teinture verte dans l'esprit de vin, & cette substance verte est le dernier résultat du passage de la lumiere à l'état de phlogistique.

J'ai procédé ensuite pour retirer la partie gommeuse de la livre d'écorce qui avoit donné sa résine dans l'esprit de vin ; après l'avoir fait sécher, je l'ai étendue & fait macérer à froid pendant trois jours dans assez d'eau pour l'en couvrir. Cette eau, ensuite évaporée avec soin, afin d'éviter de rien brûler, j'ai obtenu une substance gommeuse du poids de trois onces, trois gros & demi, qui n'étoit pas bien desséchée, & qui colloit comme un mucilage.

La proportion de la résine à la gomme, est comme on le voit bien considérable dans cette substance, dont on croyoit le gluten uniquement gommeux, ce que M. Home avoit déja bien apperçu dans le cours de la belle suite d'expériences qu'il avoit entreprises en Ecosse, pour le blanchiment des toiles ; car étant obligé, par économie, d'employer l'eau pour dissolvant de cette substance, elle n'est jamais complettement détruite ; la résine qui accompagne la filasse, nécessite presque toutes les élaborations postérieures.

Le meilleur diſſolvant de cette ſubſtance ſeroit l'eau-de-vie, l'eſprit de vin huileux, préparé comme celui qui ſert au blanchiment des ſoies que l'on ne veut pas décruer; enfin, comme on le remarquera ſuffiſamment par la ſuite, le ſavon, l'eau de chaux, les alkalis, ſur-tout les cauſtiques & les acides adoucis, ſoit qu'ils ſoient produits par la fermentation acéteuſe du lait, du ſon, ou de la farine de ſeigle, ou que l'on emploie les acides minéraux édulcorés. Toutes ces ſubſtances ſont reconnues pour être de très-bons diſſolvans des gommes-réſines; & telle eſt la nature du gluten du chanvre. Il faut obſerver que l'écorce ſoumiſe à mes expériences pour connoître la nature de ce gluten, n'a pas été auſſi facilement miſe en filaſſe, que celle qui a été ſimplement rouïe, ou du moins cette filaſſe étoit plus dure.

La raiſon de ce phénomene, tient à ce que dans l'opération du rouiſſage, cette ſubſtance éprouve une vraie fermentation, & ce moyen eſt bien plus avantageux pour en extraire la réſine, il la combine mieux avec la gomme, que ſa ſimple diſſolution ne l'eût pu faire, même dans l'eau bouillante.

SECTION SECONDE.

Des phénomenes qui ont lieu dans le rouissage, & quel en est le résultat.

La fermentation du chanvre, dans le routoir ou ailleurs, est l'objet le plus essentiel à bien examiner & à bien connoître relativement au rouissage.

Les javelles ou faisceaux de cette plante, sont rangés selon l'une des méthodes indiquées dans la premiere partie ; ils sont chargés, mis à fleur d'eau dans la même journée ; le lendemain une grande partie surnage, & il faut la charger de nouveau. Beaucoup de bulles d'air s'échappent de la surface & du tour de chaque tas. Cette émanation d'air va toujours en augmentant, mais les especes en sont bien différentes.

L'air qui s'échappe le premier & le second jour, est semblable à l'air athmosphérique. C'est celui qui est adhérant aux surfaces, aux poils de cette plante velue, ou qui sort des trachées de la plante, & sur-tout des racines, ainsi que celui qui peut être contenu dans le tube de la chenevotte.

Au troisieme jour les bulles d'air donnent un gaz acide. Vers le cinquieme jour, ou plutôt, lorsque le rouissage est rapide, ce gaz est inflammable. Si ce Mémoire n'étoit pas déja trop long, je détaillerois plus particuliérement ces résultats, mais il suffit de les avoir indiqués, & que leur existence soit au dessus de tout doute.

Si l'eau est stagnante, peu abondante, elle se colore & se trouble. A l'odeur déja assez désagréable du chanvre sur plante, se joint une fétidité insupportable qui s'étend au loin, & elle y porte les maladies ou la mort. Si l'eau du routoir est stagnante, basse, poissonneuse, s'il fait chaud, le poisson périt. De-là les loix prohibitives du rouissage dans les rivieres, dans les étangs, de sorte que cette opération, chaque jour plus multipliée, ne s'exécute dans l'eau courante, qu'en payant le tribut aux employés du tribunal qui en connoît, ou en s'exposant à des amendes, à des vexations, ou à défaut, il faut infecter l'air & les habitans voisins des routoirs, le tout pour ne pas incommoder les poissons.

Qui ne reconnoît au simple énoncé de ces phénomenes, qu'ils sont produits par la fermentation dont ils subissent les loix ? Cette fermentation eſt retardée ou avancée par le froid & le chaud; plus forte & plus prompte dans les retenues d'eau où elle ſtaze; longue & moins avantageuſe dans les ruiſſeaux & les rivieres; difficile dans les caſcades bouillonnantes, comme dans l'eau bouillante... Les grandes maſſes de chanvre ſont bien plutôt rouïes que les petites maſſes; & quant à celles placées dans les eaux ſtagnantes, on éprouve, lorſqu'on les retire, une chaleur ſenſiblement plus forte que celle de l'eau. Ce ſont bien là les mêmes phénomenes de toutes les fermentations.

Quel en eſt le ſujet? quelle eſt la ſubſtance qui la ſubit? il ne peut y en avoir qu'une; c'eſt le gluten dont l'exiſtence a été démontrée. Il s'humecte, il s'amollit, s'enfle, comme tout mucilage qui forme beaucoup de volume avec peu de matieres. Si cette matiere étoit entraînée à meſure qu'elle ſe diſſout, il n'y auroit pas de fermentation. C'eſt la raiſon du peu de perfection que prend le rouiſſage dans les eaux trop courantes; cependant à cet inconvénient, s'oppoſe la conſtruction des tas, qui ſont alors plus ſerrés & plus chargés que ceux des eaux dormantes. La partie du gluten, encore enclavée dans l'écorce, qui la diſtend de toute part, & l'attaque dans tous ſes ſens, ſubit la fermentation, & produit les différens gaz dont on a parlé, ſuivant leurs époques, & les degrés de cette fermentation. S'il n'y avoit qu'une diſſolution ſans fermentation, chaque plante, iſolément, conſervant une partie plus ou moins conſidérable de ſon enduit gommeux, retirée de l'eau, paroiſſant rouie, ne fourniroit ſa filaſſe que difficilement après ſa deſſiccation, parce que le gluten qui n'auroit pas été détruit, reprendroit en partie ſon adhéſion, mais l'on ſait que tout mucilage qui a fermenté, perd ſa glutinoſité, & devient acide avant de pourrir ; que dans cet état, il eſt un menſtrue plus avantageux pour les réſines. Les ſeules ſommités de chanvre ſont encore glutineuſes, lorſque le rouiſſage eſt parfait pour les tiges. Cette partie eſt peut-être plus réſineuſe ; elle eſt d'ailleurs placée plus loin du centre de la fermentation, elle a moins éprouvé le mouvement inteſtin qui atténue & mixtionne intimément.

Ces têtes ne ſont pas la partie la plus eſtimée du chanvre, de même que les racines ; elles donnent de la filaſſe dure, qui eſt autant détruite que travaillée par le féranceur. Ce sont ces observations qui ont sans doute engagé les Hollandois à employer pour le rouissage de leurs lins, des couches de fougeres entre celles de lin, afin d'accroître la fermentation ; nous, au contraire, nous n'avons jamais assez passé nos tiges de chanvre à l'égrageoir pour les défeuiller en tout ou en partie, ce qui montre un défaut d'expérience.

D'après ces remarques, l'on doit voir qu'il en est des plantes rouïes, comme de celles du champ, elles ne sont pas toutes dans leur perfection. Il y en a de venues à l'ombre, de trop drues, de trop clair semées, de trop abreuvées d'eau, &c; ainsi les parties latérales & inférieures, ne peuvent pas aussi parfaitement rouir, que celles du centre. Le Rouisseur intelligent, sait très-bien compenser les défauts acquis au champ par les avantages des meilleures places au routoir. Malheureusement il y a très-peu de Rouisseurs de profession. Leurs fonctions sont cependant aussi utiles que celles de *Magnoniers*, ou *Directeurs* des vers à soie. Il en est de cet objet comme de tous autres d'Agriculture, *chacun prétend en savoir plus que son voisin.*

Si je ne me trompe, je crois avoir

établi la vraie théorie du rouissage du chanvre, & par conséquent, avoir donné la solution du premier problême proposé par la Société Royale.

CHAPITRE SECOND.

Quels sont les meilleurs moyens de perfectionner la pratique du rouissage, soit que l'opération se fasse dans l'eau ou en plein air ?

SECTION PREMIERE.

Des soins à prendre des javelles, & de leur arrangement dans le routoir.

JE l'ai déja dit, & on ne sauroit trop le répéter : en fait d'agriculture, il n'est pas possible d'établir à la rigueur, une loi générale, & toutes celles en ce genre, sont sujettes à de grandes modifications. On voit, sans sortir de l'objet qui nous occupe, que dans le nord du Royaume & de l'Europe, le chanvre mûrit peu, végete longuement ; sa fibre est plus foible, quoique plus longue & plus grosse ;

au midi, ou au centre du Royaume, sa végétation est rapide, la chaleur est forte, la fibre de la teille est plus fine & plus ferme, quoique la plante soit plus courte. Lorsque dans ces lieux, & comme dans quelques cantons d'Italie, par exemple, le sol est convenable, enrichi par des rosées, des brouillards, ou de fréquentes petites pluies, alors le chanvre y est excellent. On doit donc conclure que la longueur du rouissage doit varier suivant le canton, & suivant la constitution de l'athmosphere pendant la végétation.

Une autre attention essentielle, & dont on ne s'occupe guere, c'est de javeller les plantes suivant leur longueur & maturité, c'est-à-dire, de former des faisceaux des plus grandes, ensuite des moins grandes, des médiocres & des plus petites; d'agir de même pour les plus grosses & pour les plus fines. Sans cette précaution, le rouissage de celles-ci sera complet, tandis que celui des autres ne le sera pas.

On se contente en général, de récolter en deux temps, sans avoir égard à ces distinctions particulieres, d'où dépendent la belle qualité de la filasse, soit dans la cueillette des plantes mâles & des plantes femelles.

femelles. Pour avoir une qualité égale dans la filasse, ne pourroit-on pas cueillir la plante mâle plus mûre, & la plante femelle un peu avant sa maturité parfaite; alors les qualités seroient plus raprochées. Je ne propose ceci que comme une expérience à tenter. Mais toujours est-il vrai que l'on diminue la qualité de la masse totale, lorsque l'on suit l'usage établi. J'ai fait, l'année derniere, l'essai d'un procédé avec assez de succès. J'ai laissé dans la cheneviere, la plante à fleurs, droite & en place, après l'avoir arrachée & secouée légérement ; elle y a séché lentement, sans être altérée ni noircie, recevant des plantes voisines, une vapeur, une transpiration qui s'est opposée à sa trop grande siccité ; elle jouissoit encore d'un reste de vie qui la mettoit à l'abri des inconvéniens qu'elle auroit éprouvée si elle eût été séchée ailleurs, & conservée pendant aussi long-temps. Revenons à la préparation des javelles.

Si l'on ne veut pas se soumettre à la séparation des grandes & des petites tiges, & même en l'observant, on doit toujours placer dans le milieu des javelles, le chanvre le plus mûr, & les tiges les plus longues, afin qu'elles ne soient pas froissées

F

& brisées, lorsqu'on arrange les masses à rouir, ou qu'on les retire du routoir ; cette disposition conservera ses avantages jusque dans l'opération, quoiqu'éloignée, du sérancage. Si l'on peut se dispenser de faire rouir en même-temps les pieds à fleurs & les pieds à graines, on aura le plus grand tort de les mêler ; & nous en avons dit la raison dans la premiere Partie.

Il est également avantageux de distinguer le chanvre qui reste vert, quoique mûr, de celui qui est blanc ou jaune, de celui qui a crû à l'ombre ou dans des champs de qualités trop différentes. Le chanvre à graine ne rouit plutôt que lorsqu'il est mis au routoir en même-temps que celui à fleurs, & qu'il n'est pas assez mûr. La perfection du rouissage dépend en grande partie de l'attention que l'on a de bien assortir les javelles, relativement au temps qu'elles exigent pour rouir ; autrement des tiges dans une javelle, seront trop avancées, lorsque d'autres deviendront très-difficiles à teiller. J'ai vu ces différences être de douze à trente-six heures. Le bon Rouisseur doit imiter le bon Vigneron. Celui-ci goûte plusieurs fois dans un jour la liqueur de la vendange qui fermente dans la cuve, afin de s'assurer des progrès de la fermentation vineuſe, & ſaiſir le vrai point de ſon complément. Celui-ci doit également, dans la journée, tirer pluſieurs tiges du monceau, & examiner où en eſt la fermentation, & ſi la filaſſe commence à bien ſe détacher de ſa chenevotte. Il obſervera que le chanvre vert & gros, eſt moins long-temps à rouir que le vert & le fin; le vert, moins que le jaune; le long, moins que le court; la racine, moins que la tête; & le chanvre arraché & ſéché depuis long-temps, eſt beaucoup plus de temps à rouir que celui qui, arraché à propos, eſt porté tout de ſuite de la cheneviere au routoir.

Si l'on ne peut abſolument rouir, peu de jours après la récolte, il faut au moins ne pas attendre, plus tard que la mi-Octobre, à cauſe du froid & des pluies : d'ailleurs l'exſiccation rapide au ſoleil ou à l'air, ſi rigoureuſement demandée après le rouiſſage, s'exécuteroit mal alors. Le four & le ſéchoir dont il a été queſtion dans la premiere partie de ce Mémoire, nuiſent à la qualité de la filaſſe.

Le temps du rouiſſage varie autant dans chaque pays, que la récolte & le cuvage du vin. Chacun le fait durer à ſa fantaiſie, & l'on ſe regle ſouvent ſelon l'uſage du pays & l'emploi auquel le chanvre est destiné. Il est cependant, *pour l'ordinaire*, de quatre à cinq jours en Juillet, de cinq à huit en Septembre, & de neuf à quinze en Octobre, lorsqu'on a eu le tort d'attendre jusqu'à cette époque.

Le terme & le signe de la perfection du rouissage sont, lorsque l'écorce quitte sa chenevotte d'un bout à l'autre, & que la moële est disparue. On n'est pas d'accord sur la quantité de divisions ou rubans différens, que fait le plus souvent l'écorce, lorsqu'on la sépare. Les uns en veulent deux, les autres trois. Plusieurs essais m'ont convaincu, que le meilleur nombre étoit de deux. Toutes ces observations de détail, ne sont pas aussi importantes les unes que les autres; cependant il n'est pas équivoque que le rouissage à l'eau, varie suivant la qualité de l'eau, la chaleur de la saison, ainsi que par le point de maturité de sa plante, & par la culture qu'on lui a donnée. C'est en raison de ces alternatives que l'on a plus ou moins étudiées, qu'est dû le bon ou le défectueux rouissage; toutes les regles générales leur sont subordonnées.

Les mauvais rouis diminuent la récolte d'un sixieme, & souvent d'un quart;

ce qui reste est foible ou usé, il tombe en étoupe sous le peigne, & si le chanvre n'étoit pas assez roui, ce reste seroit dur. On corrige un peu ce dernier défaut, mais l'autre est irréparable. On met au pré & à la rosée les tiges qui ne sont pas assez rouies ; il seroit même possible de le remettre à l'eau, si l'embarras d'un séchage nouveau, & l'apréhension des pluies n'y mettoient de grands obstacles.

Le nombre des javelles que l'on range les unes sur les autres dans le routoir, ou à la riviere, dépend de sa profondeur, & leurs dispositions doivent être ainsi que nous l'avons dit dans la premiere partie. Les plus courtes doivent être placées au dessus, afin que la masse forme un talus qui se soutienne mieux. Cette forme est cependant indifférente, lorsque, à raison de la rapidité du courant, les piquets ont été multipliés, les perches fortement liées de distance en distances & multipliées sur la superficie, ainsi que le chargement avec des pierres.

Les tiges les plus difficiles à rouir, seront placées dans le milieu, puisque c'est-là que s'établit la plus forte fermentation, & que se prépare aussi la meilleure filasse, comme aussi elle s'y détériore plus vîte, si le

F 3

rouissage est mal-à-propos trop prolongé : le rang supérieur est ensuite le plus estimé.

Lorsque l'on redoute peu les crues subites de l'eau, la rapidité des rivieres, ou des ruisseaux, il est très-avantageux, pour diminuer l'infection, de ne pas intercepter le cours de l'eau. On doit encore laisser une espace tout autour du tas, afin que dans le cas d'un dérangement imprévu dans la masse, les hommes qui se mettent à l'eau, puissent remédier à l'accident. Enfin, on doit préférer l'emplacement qui offre après le rouissage, la liberté de laver les javelles à grande eau courante. Les filasses de ces chanvres seront plus faciles à travailler, & fourniront moins de cette poussiere âcre & irritante, qui est si nuisible aux Ouvriers dans les moulins de battage, & lorsque la filasse est travaillée sous le peigne du Sérançeur.

SECTION SECONDE.

De la meilleure qualité des eaux pour rouir, & apperçu d'autres moyens.

Il en est des écorces végétales comme des membranes, ou peaux des animaux: (1) elles se durcissent dans l'eau bouillante, & s'amollissent dans l'eau froide. Le chanvre mis en décoction est très-mal roui : mais quel est le degré de l'eau froide qui lui convient le mieux ? ce n'est pas sans doute la plus froide, puisqu'on voit que le rouissage est plutôt fini en été qu'en automne. J'ai fait plusieurs essais dont les résultats sont, que la température de l'eau la plus avantageuse est celle de dix à douze degrés du thermometre de Réaumur. Ce qui se rapproche, comme on le voit, du degré nécessaire à la fermentation des vins en automne ; & en effet, toute fermentation devient désordonnée ou tumultueuse, lorsqu'elle s'écarte trop de ces degrés de chaleur.

L'eau en mouvement, vaut-elle mieux que l'eau stagnante ? la question a encore

---

(1) Voyez les Dissertations de MM. Maret & Matteau, sur les bains des eaux douces & de mer.

été décidée en faveur de la derniere. Ayant mis du chanvre dans le même ruiſſeau, partie dans l'eau tranquille, & partie au deſſous d'une uſine, à la chûte de l'eau, le premier a été plutôt roui, & le ſecond étoit plus dur. L'on ſavoit que les grands mouvemens nuiſoient aux fermentations, & le rouiſſage en eſt une. On a vu dans les expériences de la Société d'Agriculture de Bretagne, rapportées dans la premiere partie de ce Mémoire, que le chanvre, à quelque degré de maturité qu'il ſoit, étant roui en eau courante, devenoit plus blanc qu'en eau dormante, mais que l'eau dormante avoit fourni une quantité plus grande de premiers brins, & qui ſe blanchiſſoient mieux par les leſſives.

Nous dirons cependant que toutes les eaux dormantes ne ſont pas favorables; les unes peuvent être troubles & douces; d'autres peuvent être limpides & très-dures. Les eaux douces peuvent contenir de la craie, des infuſions de végétaux détruits : telles ſont les mares, ou les foſſes à fumier; là le chanvre y rouit parfaitement : ces eaux ont dans elles un levain qui accélere la fermentation. Les eaux dures tiennent quelques ſels vitrioliques en diſſolution, comme la ſélénite, alors le rouiſſage y languit. C'eſt ſans doute pour n'avoir pas aſſez reconnu ces cauſes, que MM. Du Hamel & Marcandier n'ont pas eu les mêmes réſultats dans leurs expériences ſur le rouiſſage à l'eau courante & à l'eau dormante. Les eaux dures augmentent le poids de la filaſſe, de trois, de cinq pour cent de plus que la même quantité préparée en eau courante. Elles agiſſent comme l'alun ſur la filaſſe ; elles ſont préférées pour les toiles & fils que l'on met en teinture ; mais comme ces eaux leur donnent un mordant qui retient la partie colorante des infuſions ou diſſolutions qui les troublent lorſqu'on y rouit, les filaſſes, ainſi teintes ou ſalies, blanchiſſent plus difficilement.

L'eau de la mer, l'eau des marais ſalés & ſalans, les bords des lacs & des étangs, les lieux bas des plages marines, ſont encore employés très-convenablement aux rouiſſages. En Irlande, en Ecoſſe & en Hollande, le ſel de mer, quoique plus antiſeptique que le ſel dépuré, ne s'oppoſe pas à la fermentation convenable. Ne pourroit-on pas établir des routoirs près des marais ſalans & des parcages d'huîtres, que l'on rempliroit en profitant des grandes marées ?

Il est certain que l'opération du rouissage seroit bien accélérée & perfectionnée, si les eaux dans lesquelles on tremperoit le chanvre étoient alkalines : telles sont les eaux de fumier & de basse-cour; mais ces engrais ont d'autres emplois bien utiles, ils sont toujours trop rares ; d'ailleurs plus ces eaux sont colorées, & moins la filasse est accueillie à cause de la couleur qu'elles lui communiquent.

J'ai éprouvé & fait tirer parti avec le plus grand succès, pour cet objet, d'une source abondante d'eau minérale, alkaline & gazeuse. Pourquoi ne pas se servir de ces avantages locaux, pour blanchir, ou achever de dissoudre le gluten de notre filasse, de nos fils, de nos toiles ? Les secours de pareilles eaux, ont porté la blanchisserie de Haarlem, à un grand point de célébrité ; les Hollandois y font blanchir très-bien & très-vîte. Nous avons abondamment de ces eaux en France, & on peut, à ce sujet, voir leur énumération donnée par M. Thouvenel. L'on évitera avec le plus grand soin, l'emploi des eaux ferrugineuses, terreuses & dures. Les taches du fer réduit en ocre, sont presque ineffaçables. Les eaux alkalines ne s'opposent point à la fermentation ; leur fétidité est très-remarquée à la fin du rouissage ; & il est bon d'observer pour la théorie, qu'il y a une grande quantité de bulles d'air produite lors de l'union des alkalis avec la substance résineuse ; ce qui prouve entre ces substances une mixtion vraiment chymique ; M. Home ne cesse de le faire appercevoir dans ses expériences sur les toiles. Les lessives employées à cet effet, n'avoient plus au goût ni à l'odorat, aucune propriété alkaline ; c'étoient de vrais savons. On auroit pu décruer la soie par cet expédient, si les alkalis nuds n'en altéroient pas le nerf ou la force ; car la soie étant une substance animalisée, ou peut-être animale, est corrodée, même détruite par ce mordant, comme l'eau dissout la soie des autres chenilles, qui est encore végétale & n'est que de la gomme filée. L'on pourroit tenter le décruage des soies par les eaux minérales alkalines, avec plus d'espérance : le sel, dans ces eaux, y est très-adouci par l'acide craieux qui lui est toujours uni.

Le chanvre au contraire, ne perd pas sensiblement sa force par l'emploi des alkalis nuds ; il permet même qu'on en augmente l'activité, en les rendant caustiques par la chaux ; ce qui le blanchit &

l'adoucit promptement sans le fatiguer. Ce fait est prouvé par les expériences de M. Home, dirigées dans ce point de vue.

Que l'on y réfléchisse bien : je ne propose pas de rouir ou de traiter le chanvre en javelles, avec des eaux alkalines, à moins que l'on n'en aie de naturelles à sa portée ; mais je demande sérieusement pourquoi on ne les emploieroit pas pour la filasse assez belle, & destinée a être réduite en toile ou en fils fins ? Les pratiques multipliées dans la préparation des toiles, & usitées dans les blanchisseries, tels que les lavages, les rosées, les lessives avec les alkalis seuls, ou rendus caustiques par l'eau de chaux, l'usage des savons, des acides, du lait, du son, ne seroient-elles pas bien abrégées, bien simplifiées & plus commodes, si l'on blanchissoit, ou au moins si l'on commençoit le blanchissage par la filasse ? il ne resteroit plus qu'à enlever l'apprêt ou parou, mis aux toiles, lorsqu'on les a fabriquées, & à perfectionner leur blanc ; ce qui n'énerveroit pas les toiles avant l'usage qu'on doit en faire.

Le Prince de saint Séver, si zélé, si ardent protecteur des Arts à Naples, étoit parvenu par de pareils travaux, à donner à la filasse la blancheur & l'éclat de la soie. Décrue-t-on l'étoffe ou la soie dont elle doit être fabriquée ? Les déchets indispensables de la filasse, ainsi blanchie, sont moins précieux que ceux de la soie qui a reçu ses préparations avant d'être ouvrée.

Si je ne passe pas sous silence une façon de rouir que j'ai exécutée par l'acide sulphureux-volatil, c'est uniquement pour mieux faire jaillir la théorie du rouissage ; car ce procédé, j'en conviens, n'est ni simple, ni commode en grand, quoiqu'il soit peu dispendieux.

Connoissant la propriété qu'ont les acides minéraux dulcifiés, pour dissoudre la substance gommo-résineuse, j'ai appliqué ces même acides adoucis par l'eau, le vinaigre & les sels saccharins acides, extraits des végétaux, comme sont le tartre, le sel d'oseilles, d'alléluïa, & leurs dissolutions ; je les ai appliqué, dis-je, à plusieurs tiges de chanvres non rouis, soit par la voie de l'immersion ou de la macération, soit par ébulition ou par vapeurs, & leur rouissage a eu lieu en peu d'heures. J'ai disposé sur des perches dans une chambre close, des javelles de chanvre récemment cueillies, encore un peu fraîches, ou humides, ou humectées, & je les ai traitées avec le soufre brûlant comme les Teinturiers traitent les soies qu'ils veulent blanchir par ce moyen. Le décruage du chanvre a eu lieu rapidement, ou du moins la dissolution du gluten a été faite suffisamment, pour que le chanvre pût être teillé sans autres préparations; sa filasse étoit même plus blanche que celle obtenue par un rouissage à l'eau courante.

Ce moyen pourroit cependant avoir une application plus économique, si les chenevieres avoient dans leur voisinage des sels comme ceux de la Solfatara; mais il n'en existe que quelques-uns en France, auxquels M. Chaptal vient d'en joindre un nouveau, qu'il a observé dans le voisinage de Montpellier.

Le lait écrêmé que l'on emploie dans les blanchisseries des toiles & des fils, rentre encore dans cette classe, car il ne blanchit pas comme lait; mais après avoir aigri, son acide, que l'on fait être très-actif, agit & dissout la partie colorante résineuse des toiles qui n'avoit pas encore entiérement cédé aux différentes lessives. Le bel apprêt que procure le lait aux toiles, ne peut pas être remplacé par l'emploi de l'huile de vitriol, que l'on lui substitue dans plusieurs blanchisseries; d'ailleurs l'esprit ardent que contient ce lait, aide aussi au décreulage.

SECTION TROISIEME.

Des Routoirs & du rouissage à l'eau.

J'AI peu à ajouter à ce qui a déja été dit, & à ce qui est connu; le lieu, les circonstances, prescrivent leurs formes & la maniere de les établir.

Presque toutes les eaux poissonneuses, ayant été interdites aux rouisseurs, les journaliers, les femmes & les artisans de la campagne, ont pris pour rouir les fossés, les mares, ou bien ils font à peu de frais quelques retenues d'eau, qu'ils laissent écouler après l'opération. Mais les grands Cultivateurs dans les pays à chanvre, & ce qui vaudroit encore mieux, la Communauté entiere d'un village ne pourroit-elle pas faire un ou plusieurs routoirs fixes & solidement établis, à l'usage de tous les individus qui la composent ? L'intérêt de chacun, aura bientôt fixé l'ordre & la police dans le rouissage, & la plus convenable à tous. En suivant cette méthode, on parviendroit à un rouissage moins incommode, & le rouissage bien dirigé, & conformément aux principes, d'après lesquels on doit travailler, donneroit peu-à-peu de la célébrité à la filasse & au fil de ce canton ; dès-lors il y auroit une hausse certaine dans le prix de la vente. Je sais bien que cette idée sera suivie par quelques riches habitans qui s'associeront entr'eux : c'est toujours quelque chose. Mais le point le plus important à l'Etat, est que les pauvres sur-tout, dont le nombre est si considérable, jouissent de l'avantage de l'établissement, comme les riches. En ce cas, les routoirs doivent être communs & proportionnés aux besoins de la Paroisse.

La dépense ne sera jamais bien considérable, puisqu'il est facile de profiter des positions locales, soit dans des bas fonds, soit dans le voisinage des étangs, des marais, des ruisseaux, des rivieres, afin d'en tirer l'eau nécessaire au rouissage.

Que les eaux soient stagnantes ou coulantes, & dans quelque endroit que soit le routoir, il est essentiel de planter des arbres autour : les peupliers sont à préférer à tous les autres ; ils s'élevent fort haut, sont très-branchus, attirent un courant d'air, & leurs feuilles soutenues par des queues fort minces, laissent à la feuille la liberté d'être dans une perpétuelle agitation

tation, qui renouvelle l'air, & corrige celui des réservoirs. D'ailleurs on connoît aujourd'hui un des grands moyens dont la nature se sert pour purifier l'air athmosphérique, c'est la végétation des plantes & des arbres. Ils se nourrissent de cet air impur, ils se l'approprient, & en échange rendent de l'air pur à l'athmosphere. Malgré cette ressource, on sent bien qu'il ne seroit pas prudent de placer ces routoirs près des habitations, puisque ces arbres ne peuvent pas absorber la masse énorme d'air fixe, & ensuite d'air inflammable & putride, qui s'échappe du chanvre en fermentation. Les lieux à préférer sont ceux qui sont exposés à tous les vents, & où il regne de grands courans d'air.

Des routoirs trop larges sont inutiles, ou du moins peu commodes. Je préférerois d'en multiplier la longueur, sur-tout s'ils doivent servir à une Communauté. Chaque individu y trouve une place, sans nuire à celle de son voisin, & il faut moins d'eau. Le fond doit en être pavé, avoir une pente du côté de la décharge, qui pour le mieux, doit être double, & pouvoir se faire à la surface & dans son fond, suivant le besoin ; les parois seront en

G

talus assez droits, pour que les Ouvriers puissent s'en approcher avec facilité, & n'être pas obligés de se mettre à l'eau pour manœuvrer, ou raccommoder le tas, lorsque le besoin l'exige. Si ces parois ne sont pas construits en pierres, il faut au moins leur donner une certaine épaisseur en argille fortement corroyée.

La vase qui s'enleve chaque année du fond du routoir, fournit un excellent engrais aux terres, à moins qu'on n'aime mieux la conserver, à l'exemple des Hollandois pour leur lin, afin de la mettre sur la surface des masses de chanvre. Cette terre devient un levain qui rend la couche superficielle aussi avancée dans son rouissage que celle du centre; ce qui est très-avantageux, lorsqu'on ne sépare pas les qualités.

S'il vous est permis de rouir dans un ruisseau qui n'est pas poissonneux, si les Employés de la Maîtrise des Eaux & Forêts, vous permettent l'approche des grandes rivieres, craignez les inondations subites, & sur-tout les cordes de tirage des bateaux, & la malignité des conducteurs; alors assujettissez vos masses comme il a été dit dans la premiere partie.

Les javelles doivent être rangées dans

le routoir, & alternées sur quatre faces, de sorte que les racines & les têtes se joignent & se touchent tout autour. Le chanvre non chargé s'éleve sur la surface de l'eau, & la partie supérieure de la masse ne rouit pas : on la charge, elle s'enfonce, & reste plongée sous l'eau. A cette utilité s'en réunit une autre; la paille, les feuilles, les perches, les pierres dont on recouvre la superficie, retiennent & concentrent en partie les vapeurs & les différens fluides gazeux, que la fermentation développe, ce qui égalise les progrès de la masse.

On a prétendu que le chanvre ne devoit pas toucher le fond du routoir. Cette observation qui est de rigueur pour le lin, n'est pas nécessaire pour le chanvre. Je pense au contraire, que les javelles du fond n'éprouvent jamais la même, ni une aussi bonne fermentation que celle des autres parties. Elles ne jouissent pas de l'avantage des produits gazeux qui traversent celles placées au dessus d'elles, & l'eau du fond est plus froide que celle du centre & de la superficie. Il est donc avantageux pour elles, de jouir du bénéfice des vapeurs de la vase, & de ne pas perdre si promptement celles qui s'échappent en dessous pour venir former des bulles vers les surfaces latérales.

Laver exactement, & s'il se peut à grande eau courante, les javelles, à mesure qu'on les tire du routoir; les laver droites & non couchées, c'est une précaution très-importante. Ce lavage enleve une vase, un limon, que les eaux, même courantes, déposent sur chaque tige; il fait corps avec le gluten, lequel quoique dissous, est cependant encore adhérent, & qu'il faut également faire disparoître; sans cette précaution, le chanvre étant séché, sera moins blanc, & se teillera moins bien, quoiqu'il ait été parfaitement roui; enfin, il conservera sa poussiere âcre, qui incommode si fort le séranceur, &c.

Les javelles tirées de l'eau, doivent ainsi qu'il a été dit, être portées & déliées en chaînes sur le pré. Si on les laisse amoncelées trop long-temps, elles s'échauffent intérieurement, la fermentation recommence, le rouissage est porté trop loin, & la filasse s'énerve ou pourrit.

SECTION QUATRIEME.

Du rouissage en plein air; de ses inconvéniens; des cas où il est préférable au rouissage à l'eau; des moyens de le perfectionner.

LE temps nécessaire pour rouir le chanvre en plein air, est fréquemment d'un mois. Personne ne peut être sûr que dans cet intervalle, il ne surviendra aucune pluie, aucun orage, aucune grêle, & sur-tout que le chanvre ne sera pas travaillé par les insectes; les vents violens le déplacent & l'entraînent; les pluies fortes dissolvent trop-tôt & mal, sa partie gommeuse, avant que par son intermede l'autre partie soit attaquée, ou avant que l'acide aërien, & celui des rosées ne l'ait dissous. Le chanvre qui, au commencement de son rouissage à l'air, éprouve de fortes ou de fréquentes pluies, est sujet à noircir, & il conserve le plus souvent une couleur d'un gris foncé. Les fibrilles adherent ensemble plus fortement que dans le chanvre roui sans pluie, à peu près comme le pinceau du vernisseur, lorsqu'il est sec;

le mouvement que l'on donne aux poils, ou crins de ce pinceau, en fait détacher la réfine en pouffiere : or on ne doit jamais perdre de vue, que le meilleur rouiffage laiffe encore beaucoup de réfine, & l'on ne fauroit trop répéter que c'eft elle feule qui s'oppofe au blanchiment des fils & des toiles. Telle eft l'origine de cette pouffiere auffi inflammable que la colofane en poudre, qui s'éleve & voltige dans les atteliers, où l'efpadonage & le pilage de la filaffe s'exécutent ; & qui, par fa virulence, fatigue fi fort la refpiration & les poumons des Ouvriers. Tous les chanvres en donnent plus ou moins, ainfi que la filaffe ; mais les Ouvriers diftinguent très-bien que le chanvre roui à l'air eft plus âcre & plus incommode. Lorfque je tentai de faire du papier avec cette pouffiere qui n'eft d'aucun ufage, celle du chanvre roui à l'eau mérita la préférence.

Pour diminuer ces inconvéniens, ainfi que la durée de ce rouiffage, j'ai tenté avec fuccès, avant d'expofer le chanvre à l'air, de le mouiller avec de l'eau rendue un peu alkaline. Une légere leffive, & comme il a été dit ci-deffus, l'eau des fumiers & des baffes-cours, rempliroient le même but. J'ai essayé également de le mouiller avec de l'eau de chaux, & ce dernier moyen a encore mieux réussi. Outre que par ce procédé, on détrempe, on dissout le gluten résineux, le chanvre acquiert ainsi la propriété d'attirer de l'athmosphere, & de conserver une humidité légere qui lui est très-avantageuse pour l'effet qu'on se propose. Lorsqu'en Hollande, on arrose avec de l'eau de mer, le chanvre étendu sur les prés, on obtient les mêmes résultats. Les plantes mouillées de cette eau, qui tient en dissolution des sels amers, terreux, déliquescens, & que l'on a cru être bitumineux, attirent, conservent la même humidité, avancent & perfectionnent ce rouissage. J'ai vérifié ce fait dans une de nos plages marines garnies de varech, sur lequel étoit déposé le chanvre. Plusieurs Provinces de France, ont dans leur voisinage des étangs, des marais salés, des cantons voisins de la mer, & où les terres à chanvre sont très-bien cultivées. On fera donc bien dans ces positions de profiter de l'eau de mer, si toutefois cette opération ne réveille pas trop l'inquiete vigilance des commis & employés des Fermiers Généraux : mais l'on pourroit préfenter au Contrôleur-Général & au Miniftre de la Marine, un Mémoire détaillé fur les avantages de cette opération ; & il eft à préfumer que l'on obtiendroit un Réglement à ce fujet.

Un autre défaut effentiel du rouiffage fait à l'air & dans les champs, ce font ces taches bien prononcées, d'un brun plus ou moins noir, & qui tigre toutes les tiges. Ces taches, comme on l'a déja dit, n'ont lieu que lorfque la terre eft martiale, c'eft-à-dire, lorfqu'elle contient quelques parties de fer lefquelles fe divifent en forme de rouille ; elles tiennent fi fortement que tout le travail des blanchifferies fuffit à peine pour décolorer les toiles fabriquées avec des fils tirés de ces plantes. Auffi les rebute-t-on, malgré les bonnes qualités qu'elles ont d'ailleurs. L'on fait combien eft fixe la marque que l'on imprime aux têtes des pieces de toile, & au linge de table, lorfqu'elle eft faite avec la rouille de fer.

On doit donc éviter avec le plus grand foin, de mettre à rouir fur des champs de cette nature. Si l'on n'a pas de prairies, il convient de choifir des terrains pierreux, caillouteux, marneux, &c.

D'après ce qui a été expofé dans la premiere partie, & ce qui vient d'être dit sur le rouissage à l'air, on voit clairement combien cette façon de rouir est longue, embarrassante, laborieuse, & même dispendieuse ; elle ne peut pas convenir aux grands Cultivateurs, à moins que leurs possessions ne soient entiérement privées d'eau ; dans ce cas, il n'est guere probable qu'ils aient de bons champs propres à cette culture ; le rouissage à l'air ne peut être utile qu'aux petits propriétaires, & encore doivent-ils préférer le rouissage à l'eau, lorsque la chose est possible.

Il y a très-peu de cas où le rouissage à l'air, soit préférable à celui dans l'eau, parce que l'époque du rouissage sur le pré, approche du temps où les derniers foins vont être récoltés, où l'on met le plus utilement les bestiaux dans les pâturages, & où souvent, il faut travailler & labourer les champs.

Le chanvre roui à l'air, avec les précautions indiquées, a donné des filasses superbes, qui flattent & brillent à l'œil ; elles sont un peu foibles, très-souples, bien affinées & soyeuses. Dans les pays méridionaux, où la fibre du chanvre est fine & forte, le ciel beau, les pluies rares, les rosées très-abondantes, on peut préférer cette méthode, d'autant que le long rouissage divise la fibre, l'amollit & l'adoucit, mais elle n'est aucunement avantageuse dans nos Provinces du nord, où le ciel est brumeux, pluvieux, & la chaleur peu soutenue. Cependant, si par des circonstances quelconques, on est forcé de placer les routoirs près des habitations, il vaut encore mieux courir les risques de ne pas avoir un rouissage si parfait en se se servant de l'intermede de l'air, que de succomber sous l'infection. J'ai dans ce chapitre répondu à la seconde & à la troisieme question du programme, il reste actuellement à examiner la quatrieme, qui tient à la conservation de la santé des habitans, & qui me paroît la plus utile & la plus digne des vues de la Société Royale.

CHAPITRE TROISIEME.

Y auroit-il quelque maniere de prévenir l'odeur désagréable & les effets nuisibles du rouissage dans l'eau.

L'ODEUR du chanvre récent, respiré pendant quelque temps, enivre, assoupit, porte au cerveau, donne des vertiges. Galien parle de la coutume de manger au dessert de la graine de chanvre rôtie, pour s'exciter à la joie, & il a observé qu'elle portoit souvent le trouble dans le cerveau. Dioscoride fait la même remarque : & Kœmpfer, dans ses *Amœnitates exoticæ*, dit que la boisson de l'infusion des feuilles, dont le goût est âcre & amer comme l'opium, enivre comme lui, & porte au cerveau. Le Bangi des Asiatiques est une espece de chanvre, ils l'emploient beaucoup pour dormir & pour se procurer des rêves agréables : telle est la qualité narcotique de cette plante, qu'elle se montre jusques dans son odeur. Les hommes de tous les pays & de tous les temps, ont eu besoin de s'étourdir sur leurs vices moraux, lorsque la religion ou la philosophie, ne les leur ôte pas. Aussi depuis les Isles de la Société, où l'infortuné Cook a vu faire des liqueurs enivrantes avec l'écorce du bouleau, jusqu'au Kamtchatka & en Tartarie, où M. Gmelin en a vu préparer avec le fruit d'airelle & le lait de jument; par-tout enfin l'homme cherche à s'étourdir. Les animaux ont-ils ces mêmes goûts désordonnés? non, les bestiaux ne mangent point la feuille de chanvre, ils la fuient même. Si le poisson en est enivré, certes, ce n'est pas par goût, mais par force.

Est-ce de l'odeur du chanvre récent & de ses effets désagréables ou nuisibles, dont il faut se garantir? les qualités du chanvre, & ses effets sont-ils les mêmes dans tous les temps du rouissage? c'est ce qu'il faut examiner premierement.

J'ai mis en même-temps du chanvre & du poisson dans un réservoir; le second & le troisieme jour, le poisson en fut affecté, quoiqu'il eût autant qu'il étoit en son pouvoir, évité le chanvre; il surnageoit, étoit sans mouvement, & étoit enivré. Une partie de ces poissons mise dans un autre réservoir revint en peu de temps à la vie; les poissons qui resterent dans le premier réservoir moururent empoisonnés.

J'ai mis au sixieme jour des poissons dans le réservoir qui contenoit le chanvre, ils n'en furent pas affectés ni enivrés; mais ayant réitéré cette expérience, & mis le poisson après le sixieme jour dans le réservoir où le chanvre étoit en grande masse, ils ne furent point enivrés; mais tout périt, avec la différence que la mort des poissons fut graduée, d'après leur force, au lieu que les poissons enivrés, l'avoient tous été entre le second & le troisieme jour. Plusieurs observations résultent de ces expériences; la premiere, que le poisson enivré étant à la surface de l'eau, s'il étoit entraîné par des courans, ou par le vent, ou si l'eau n'étoit pas stagnante, ne périroit pas. La seconde, c'est que la fermentation que le chanvre éprouve dans le rouissage, détruit la virulence narcotique & naturelle à cette plante; que le poisson n'y périroit pas de même, s'il trouvoit une plus grande masse d'eau; que l'eau du chanvre est alors au poisson, ce que seroit pour lui une eau de fumier où il périroit également malade, mais non enivré.

Si l'on a vu l'eau des petits routoirs, répandue sur les prés, être nuisible aux plantes, rendre les animaux malades, & même les faire périr promptement, c'est que les engrais trop forts & en masse, brûlent les plantes, & que l'on ne peut sans danger, faire pâturer des animaux sur des herbes chargées & noyées de substances volatiles & putrides, que l'air n'a pas encore évaporées, & que le temps n'a pas assimilées aux sucs de la terre, pour en former ensuite une saine & vigoureuse végétation.

Ce qui fait périr le poisson, est donc la trop grande quantité de chanvre accumulée dans un ruisseau, ou dans une petite riviere : il a beau fuir, il ne peut éviter le sort qui l'attend.

Les anciennes & les nouvelles Coutumes de presque toutes les Provinces du Royaume, par la crainte de l'infection des eaux & des personnes, ont proscrit le rouissage dans les eaux courantes, dans les eaux mêmes qu'on en auroit détournées, à moins qu'on ne les rendît plus aux rivieres, aux étangs, ni aux eaux qui sont d'un usage commun.

Les Réglemens de la Table de Marbre, les Loix forestieres, les Arrêts du Conseil, en ont décidé de même ; ainsi cette défense fait partie du Droit public de France. Les seuls routoirs permis sont les eaux mortes, non poissonneuses, éloignées des habitations. Y en a-t-il beaucoup de ce genre en France, autres que les marais, les marres & les foſſés ? Ainſi, lorſque la Loi défend ſi légitimément les *rizieres* tant qu'elles ne ſeront pas perfectionnées, elle permet, ou diſons mieux, elle oblige, pour le rouiſſage du chanvre, à multiplier ces marres empeſtées, ces foyers d'infection qu'il faudroit anéantir. La néceſſité de réformer cette juriſprudence eſt bien démontrée, puiſque les Prépoſés ſont preſque toujours forcés de fermer les yeux; ſans quoi il faudroit preſque anéantir la culture du chanvre en France, tandis qu'elle mérite à tous égards d'être encouragée par le Gouvernement, car loin de nuire aux récoltes des bleds, elle les augmente par la bonification des champs, & ne laiſſe pas en pure perte l'année des jacheres. Ne vaudroit-il pas mieux fixer la quantité de chanvre que pourroit recevoir telle riviere, à telle élevation de ſes eaux ? Il en ſeroit de même pour les étangs, la contenue en ſeroit déſignée, & l'on exigeroit la même diſtance des habitations qui eſt preſcrite pour les marres & pour les routoirs artificiels Enfin ne faudroit-il pas une diſpoſition pour l'emploi des ruiſſeaux, des décharges d'étangs, des routoirs communaux, dont la police appartiendroit à chaque Bailliage.

Ce ne fera qu'en étendant l'infufion du chanvre récent dans une grande maffe d'eau, ou en la renouvellant fouvent, que l'on préviendra l'odeur défagréable & les exhalaifons dangereufes du chanvre dans cet état. Cependant on ne pourra anéantir fon gaz volatil, fon efprit recteur propre, qui eft incoërcible, qui peut à peine contracter une adhérence momentanée avec l'eau, dans laquelle la plante macere. Ce n'eft pas d'ailleurs de cette vapeur, qui, lorfque la plante macere plongée dans l'eau, eft moins forte qu'elle ne l'étoit, lorfque le chanvre végétoit; ce n'eft pas, dis-je, cette vapeur qui doit nous occuper à préfent, mais bien celle que la fermentation y réunit. Dans l'état actuel, les effets véritablement nuifibles du rouiffage, feroient fi les hommes ou les animaux, buvoient de cette eau; &, certes, l'on n'en boiroit qu'en fuppofant qu'elle confervât fa limpidité, qu'elle fût fans goût, fans odeur & fans couleur: les Auteurs conviennent, en effet, que c'eft un poifon violent, contre lequel on n'a pas trouvé de remedes; cependant réfléchiffant

fant fur la vertu & la grande efficacité du vinaigre contre l'abus des narcotiques, & comme correctif de beaucoup d'autres fubftances âcres & virulentes, je voulus faire boire de cette eau à un âne, qui, de tous les animaux, eft celui qui répugne le moins au chanvre; j'y mêlai du vinaigre, & l'animal n'éprouva aucun mauvais effet de cette infufion affez chargée.

Ce n'eft pas feulement en buvant de cette eau près des routoirs qu'on peut en être affecté, mais même l'eau de tous les puits voifins où elle a pu tranffuder; quelque clarifiée que foit cette eau, elle n'en eft pas moins fufpecte. On cite une année, où une épidémie ravagea Paris, & dont la caufe parut être les eaux baffes de la Seine, dans lefquelles on avoit mis beaucoup de chanvre à rouir au deffus de cette ville.

Paffons à un examen plus fuivi de cette partie du programme. Sans exclure les confidérations que l'on doit avoir pour la virulence & les autres effets nuifibles de la plante, foit dans fes principes volatils, foit par ceux qui font mêlés à l'eau, rendons compte de ce que la fermentation dans le rouiffage change ou ajoute, aux uns & autres; enfin, paffons à la

H

recherche des moyens capables d'empêcher, ou de corriger efficacement ses effets dangereux ou fâcheux.

SECTION PREMIERE.

Expériences sur divers moyens de prévenir l'odeur désagréable, & les mauvais effets du rouissage à l'eau.

On a vu que la fermentation avoit changé ou détruit la qualité inébriante du chanvre; le poisson est mort, mais il n'a pas été enivré. L'on sait combien la fermentation change la propriété des corps. Le lait devient vinaigre, le syrop devient vin; une ébulition d'un an, dit M. Baumé, a ôté la qualité narcotique de l'opium; une fermentation d'un jour lui auroit évité ce long exercice de patience.

La fermentation dans le chanvre produit beaucoup d'air; & cet air, lorsque le chanvre rouit, est fétide : c'est de l'air inflammable plus ou moins mixtionné avec d'autres principes volatils du végétal; par exemple, le gaz putride, l'acide & l'air athmosphérique, son principe recteur, ses huiles atténuées, &c., tout cela s'éleve en l'air.... Le phlogiftique, a dit M. Pringle, eft fans odeur par lui-même; mais combiné avec les fubftances falines & les huiles âcres, atténuées, produites par des fubftances décompofées, il donne la putridité, comme les eaux ftagnantes corrompues, qui font abondamment pourvues de cet air inflammable mêlé d'autres débris. Il les traverfe fans ceffe, il ne femble pas leur être adhérent; les feules grenouilles y vivent. Malheur aux habitans voifins ! malheur encore plus à ceux qui font forcés, comme les Rouiffeurs, d'aller fouvent remuer ces maffes d'infection ! ils y éprouvent les mêmes affections que ceux qui remuent les boues, les vafes des étangs & des marais. Lorfque l'air inflammable eft feul ou purifié, MM. Scheele & Fontana, ont pu l'avaler, le refpirer quelque temps fans accident. Si ces eaux ftagnantes pouvoient être fans ceffe en mouvement comme l'eft l'eau de la mer, où malgré toutes les fources d'infection, il n'y a point de pourriture; alors auffi-tôt évaporés que formés, par le fecours des vents & des courans profonds, les gaz qui s'en dégagent, n'entraînent avec eux aucune autre fubftance, & la combinaifon putride n'a pas lieu, ou au moins n'exifte-t-elle qu'inftantanément, & ces gaz s'évaporant fans ceffe, ne fe trouvent pas réunis en une maffe affez grande pour nuire.

L'on apperçoit bien la différence qui doit fe trouver dans un routoir. Le feul moyen de prévenir l'odeur défagréable & les effets nuifibles du gaz, eft donc d'en empêcher l'aggrégation en maffe fenfible, puifqu'on ne peut pas empêcher fa production. Tout mouvement imprimé à l'eau dans le voifinage du chanvre, empêchera fon mauvais effet, & l'odeur ne pourra pas être plus forte que celle qu'auroit le chanvre dans l'eau courante où elle eft peu fenfible. Si le routoir eft placé à la chûte de l'eau d'une éclufe, d'une cafcade, d'une retenue d'eau, il ne donne aucune odeur; mais comme ces moyens ne font pas toujours poffibles, & que ces grandes chûtes d'eau dérangent la fermentation de la maffe, établiffez, pour y fuppléer, fur des routoirs communaux, un moulin à vent, dont le moteur s'emploiera à agiter l'eau le plus profondément poffible, & dans toute fa hauteur. Placez-le au milieu des monceaux de chanvre; & comme cette eau n'aura point de courant, il faudra peu d'efforts au vent pour faire tourner fur fon axe un simple pignon aîlé, qui battra bien l'eau de toute la longueur de ses aîles verticales qui y seront plongées.

Ne négligez pas de multiplier dans le routoir, sur ses bords, les plantes aquatiques; la nature les a presque toutes douées de la propriété de désinfecter l'air du lieu où elles croissent; elles y semblent placées à dessein par la providence. Les arbres, les bois-blancs sur-tout, se chargent d'air inflammable, & c'est la raison peut-être pour laquelle dans la fabrique de la poudre à canon, on préfere leurs charbons. Si ces secours auxiliaires ne sont pas suffisans, & ne peuvent absorber autant d'air méphitique qu'il s'en échappe sans cesse pendant le rouissage; alors, dans le grand nombre de moyens que la physique présente comme très-propres à corriger les mauvais effets des substances putréfiées fixes, c'est-à-dire, de celles qui n'affectent pas l'odorat, qui sont ainsi les plus contagieuses, & qui comme tous les virus ne communiquent leurs vertus déléteres que par le contact immédiat, nous ne choisirons que la *chaux*.

Cette substance admirable parera à tous les effets nuisibles ordinaires du rouissage à l'eau. On en a vu de bien terribles de ces rouissages, sur-tout lorsque l'on a voulu brasser des tas de chanvre qui avoient été négligés, abandonnés ou pourris. Personne même n'ignore la cause des ampoules & furoncles qui surviennent lorsqu'on se baigne même dans de grandes rivieres lors du temps du rouissage; delà s'est confirmé le préjugé contre les bains dans la canicule. Les principes fixes de cette contagion sont encore inconnus, & l'on n'a sur leur marche & sur leurs phénomenes que des apperçus très-vagues. Ce sont sans doute les combinaisons des principes atténués des corps avec ceux que la putréfaction ou la fermentation volatilise; car l'on sait qu'en empêchant ou modérant ces combinaisons, on s'oppose à leurs mauvais effets. Je ne citerai pour exemple que la belle expérience faite par les Magistrats de Dunkerque, d'où il est résulté qu'un très-grand nombre de cadavres, à toutes sortes de degrés de putréfaction, ont pu être exhumés pendant l'été sans accident, & le tout par le seul effet de la propriété de l'eau de chaux.

On a vu dans le cours de ce Mémoire, que l'eau de chaux ne nuisoit point au rouissage, qu'elle aidoit même à diviser, à affiner & blanchir la filaſſe. De plus elle retarde & s'oppoſe merveilleuſement aux fermentations, 1°. parce qu'elle abſorbe & s'unit au premier gaz qui ſe développe dans les fermentations, & qu'elle enleve aux autres ce qui les rend nuiſibles, d'où l'on voit qu'elle corrige auſſi efficacement les volatils que les fixes ; 2°. parce que, comme Celſe l'avoit très-bien obſervé, *Aqua dura, eſt ea quæ tardè putreſcit.* (*Pars* 4, *ſect.* 11.) L'eau dure s'oppoſe, empêche ou retarde les fermentations ; c'eſt pourquoi M. Houri a très-ingénieuſement employé l'addition d'un peu de chaux dans les tonneaux, où l'on conſerve l'eau pour les voyages de long cours ſur mer. La ſeule précaution à avoir, eſt ſeulement de gazer cette eau, lorſqu'on veut la boire. Cette addition d'air fixe, fait précipiter la chaux, & laiſſe l'eau très-pure. La chaux ne rend pas l'eau dure, à la maniere des ſels vitrioliques, comme feroit la ſélénite qui feroit dans l'eau, dans laquelle rien ne fermente, rien ne cuit, qui durcit, pétrifie ou encroûte tout ce qu'elle touche : l'eau de chaux au contraire, adoucit & conſerve ; les Tanneurs en font un grand uſage.

La façon de travailler, ſelon cette méthode, consiste à faire tremper les javelles que l'on veut rouir dans un cuvier ou une fosse, où il y aura de l'eau de chaux. On pourroit aussi en mettre en différens intervalles, ou en arroser les masses qui seroient trop long-temps en travail de fermentation. Si ce procédé retarde un peu la fin du rouissage, on en est amplement dédommagé par la certitude d'en faire toutes les manœuvres sans danger ; l'addition de la potasse à la chaux, en exalte encore la vertu dissolvante & antiseptique.

SECTION SECONDE.

Du rouissage à sec qui supprime tous les inconvéniens du rouissage à l'eau, & le supplée entiérement.

Si ce procédé a quelque mérite aux yeux de la Société Royale, elle doit le considérer comme son propre ouvrage, puisque c'est la derniere partie de son programme, qui m'a fait naître l'idée de l'exécuter, & de reprendre un travail dont je m'étois déja occupé. Par ce moyen on évitera toute mauvaise odeur du chanvre & ses suites.

Cette méthode de rouir est bien simple & à la portée du Cultivateur le moins intelligent, *pourvu qu'il soit accoutumé à connoître les différens degrés du rouissage du chanvre*, parce que la perfection des procédés de l'Agriculture & même des Arts, tient peu à la théorie, mais à l'habitude & à la pratique; on ne doit donc pas être surpris, si l'on ne réussit pas complettement dans les premiers essais du procédé que je vais indiquer. Il consiste à renfermer dans une fosse creusée en terre, la quantité de javelles de chanvre que l'on veut rouir, & de les recouvrir d'un pied de terre; le chanvre y subit un genre de macération qui est une véritable fermentation. La destruction entiere du végétal, & sa conversion en fumier auroit lieu, si comme dans le rouissage à l'eau, on l'y laissoit trop long-temps. Il est donc nécessaire d'arrêter cette fermentation au degré nécessaire ou la filasse se détache facilement de la chenevotte, c'est-à dire, quand il est au vrai point d'un bon rouissage.

Ce procédé exige quelques détails. Les fosses peuvent varier de grandeur & de largeur : j'ai cependant lieu de penser que si elles étoient très-larges, il faudroit les recouvrir d'une couche de terre de plus d'un pied d'épaiſſeur, afin qu'il y eût une plus grande circulation d'air & de gaz dans ſon intérieur. Il faut encore s'oppoſer aux éboulemens de la terre entre les javelles. Si la couche eſt trop ſeche ou trop ſuperficielle, cette couverture ſera arroſée, ainſi que les javelles, ſur-tout ſi les pieds de chanvre ſont arrachés depuis pluſieurs jours, & en raiſon de leur ſiccité. Cette maniere de rouir, permet d'établir la foſſe près d'un endroit où ſoit l'eau néceſſaire au dernier lavage.

On peut employer les foſſes qui ſont déja conſtruites pour d'autres uſages, telles que celles pour les fumiers, ou pour des réſervoirs d'eau; mais il eſt eſſentiel qu'elles ſoient ſeches. Celles à fumier ont toujours accéléré l'opération, à cauſe du levain qu'elles contiennent, ainſi qu'il a déja été dit.

Les foſſes murées ne m'ont pas paru ſi avantageuſes que celles à parois en terre, ſans doute, à cauſe de la grande humidité qu'elles retiennent ; mais on peut s'en ſervir ſi elles ſont bien ſeches.

Je penſe encore qu'il faut ſe garder de creuſer les foſſes dans un terrain trop ſec ou graveleux ; il abſorberoit l'humidité nécessaires aux plantes, lesquelles doivent y être amoncelées dans le même ordre que pour le rouissage à l'eau. Or, la secheresse empêcheroit ou retarderoit beaucoup la macération que l'on se propose d'obtenir ; car point de fermentation sans humidité.

Afin de l'y entretenir, & de conserver la propreté dans les fosses, il est important d'en tapisser le fond, les côtés & la surface avec des joncs qui retiennent la terre, & empêchent qu'en se déplaçant, elle se mêle avec les javelles.

Dans l'arrangement des javelles sur leur plat, il faut placer au centre & perpendiculairement, un certain nombre des plus grandes tiges, qui traverseront la masse des javelles, & s'éleveront au dessus de la fosse. Elles serviront d'indicateurs du point où est le rouissage de la masse fermentante ; lorsque ce rouissage sera avancé, on en retirera fréquemment une ou deux tiges, afin de connoître les progrès de la fermentation, & le point auquel il est important de l'arrêter.

Ces plantes enfouies, macerent & fermentent réellement, d'abord d'une maniere très-insensible, ensuite beaucoup trop vîte, si l'on ne les surveille pas avec la même exactitude qui convient au rouiſſage à l'eau. Les gaz acides & phlogiſtiques s'y produiſent de même; ils y ſont retenus, & forcés de circuler dans toute la maſſe, & de ſe combiner avec les terres qui forment la couverture & avec celles des parois, qui dès-lors deviennent un excellent engrais, ainſi qu'il a déja été dit.

Ces gaz, en parcourant la maſſe, ſe combinent avec le gluten des plantes, dont ils ſont de bons diſſolvans; ils reſtent unis avec l'humidité qui tranſſude, ou que l'on a ajoutée à la plante. Si elle a été dépoſée dans les foſſes, auſſi-tôt qu'on l'a arrachée de la cheneviere, il n'eſt pas néceſſaire d'y ajouter de l'eau.

L'état de la foſſe, la nature de ſa terre, celle de la plante, peuvent faire varier la durée du parfait rouiſſage. Je l'ai toujours obtenu dans l'eſpace de moins de trois ſemaines; ce qui eſt d'autant plus avantageux, que la foſſe ſe trouve débarraſſée, lorſque vient le moment de la remplir de nouveau avec les plantes femelles ou à fruit, ſi on veut les ſéparer des tiges à fleurs.

Lorſque les tiges perpendiculaires ou indicatrices, annoncent que le rouiſſage eſt à ſon point, on découvre la foſſe. S'il arrivoit que l'air qui s'en échappe, incommodât les Ouvriers, on pourroit, près de l'endroit où l'on a pratiqué la premiere ouverture, allumer quelques fagots, & leur flamme évaporeroit tout le mauvais air, quoique je ne l'y aie jamais obfervé. Il ne refte plus qu'à fortir les javelles de la foffe : celles des parois & du centre, m'ont paru être également rouïes. La derniere opération confifte à les laver, & enfuite à les faire fecher, comme il a été dit ci-deffus, en parlant du procédé à l'eau.

Cette méthode donne la folution complette de la derniere queftion du programme ; & j'ofe dire, qu'elle va bien au delà, puifqu'en faifant abandonner le rouiffage à l'eau, elle ferviroit à faire fupprimer la caufe de l'infection des eaux & de l'air. Le rouiffage à fec le fupplée entiérement ; il eft plus commode, moins coûteux, & nullement dangereux.

Je devrois terminer ici mon travail, puifque ce qui me refte à dire eft étrangera u programme, mais il fervira comme de complément à cet effai.

TROISIEME PARTIE.

Exposé & vues sur la préparation de la filasse, pour la convertir en queues.

I. *TILLER*, c'est enlever l'écorce du *tilleul* pour en faire des cordes. Il sembleroit qu'on devroit conserver la même dénomination, lorsqu'il s'agit d'indiquer l'action par laquelle on sépare la filasse de la chenevotte, mais l'usage a prévalu; on dit, *teiller*. Le teillage est bon, lorsque la chenevotte casse net, sans engrainures allongées. Il y a deux manieres de séparer la filasse d'avec la chenevotte, savoir à la main, ce qu'on appelle proprement teiller, ou au moyen d'un instrument nommé mâchoire, broye, avec lequel on brise la chenevotte, & on la sépare de son écorce. Il vaut beaucoup mieux teiller les fortes & longues tiges, que de les mâcher : l'instrument les brise avec effort & déchire la filasse. On teille, en commençant par casser vers le pied : si les nœuds ou le mal roui arrêtent la filasse, on casse la chenevotte plus haut pour la reprendre, &c. Lorſqu'on a une grande maſſe de chanvre à teiller, on ſe ſert de la broye, au moyen de laquelle le travail d'une ſeule perſonne équivaut à celui de douze teilleuſes, mais elle mâche & fatigue un peu la filaſſe, ſur-tout lorſqu'elle eſt groſſiere. Dans pluſieurs de nos Provinces, on teille tout le chanvre à la main : ſi on y introduiſoit l'uſage de la broye, on priveroit les femmes & les jeunes gens d'un grand plaiſir. En effet, à quoi s'occuper à la campagne dans les longues ſoirées d'hiver ! Toutes les filles, les femmes, & les enfans du Village ſe raſſemblent à la veillée, tantôt dans une maiſon, & tantôt dans une autre, & ſe rangent circulairement autour de la cheminée, ayant chacun derriere ſoi le nombre des javelles qu'il doit teiller. Celle qui reçoit la Compagnie, fournit les premieres chenevottes pour allumer le feu ; celle qui doit recevoir le lendemain, l'entretient après elle, & ſucceſſivement toutes celles de l'aſſemblée. C'eſt à la clarté de ce feu paſſager, mais actif & ſalutaire que chacun travaille, chante ſa chanſon, fait des contes pour amuſer l'aſſemblée, où la gaieté franche eſt ſouvent aſſiſé à côté de la plus grande miſere. Là ces bonnes gens oublient leurs maux, dont l'usage de la broye ne dissiperoit pas le souvenir. Ces assemblées sont vraiment intéressantes pour l'homme, dont le cœur n'est pas blasé ou corrompu par celles de la Ville. Enfin, c'est-là qu'on peut véritablement étudier l'espece humaine. Un avantage de la broye, c'est d'enlever une partie de cette poussiere si funeste à la poitrine. Par cette raison, le chanvre mâché pese beaucoup moins que le teillé : observation à faire, lorsque l'on achete la filasse brute.

II. L'*espadonage*, *pelage*, *patelage*, est l'opération par laquelle on bat la filasse contre une planche tenue de champ, avec une palette, ou battoir de bois, nommé *espadon*, dans la vue de l'adoucir & de la purger, en brisant non-seulement les parties de la chenevotte qui lui restent unies, mais aussi cette partie gommo-résineuse, qui adhere encore aux fils. Dans plusieurs lieux, on se contente de piler la filasse, en la frappant sur un bloc de bois avec un maillet, ou dans une auge avec un pilon. Ailleurs c'est une auge ronde en pierre, où l'on place des paquets de filasse, sur lesquels on fait rouler un cylindre de pierre mu par l'eau ou par un cheval. Dans toutes ces différentes.

rentes manœuvres, on fecoue fréquemment la filaffe, & on lui fait préfenter fucceffivement toutes fes parties au cylindre, afin d'en détacher de plus en plus la pouffiere âcre.

On a cherché, & déja trouvé plufieurs moyens de remédier à cette grande incommodité. M. Hellot a vu blanchir avec fuccès, & bien finir de décruer la filaffe, rangée par treffes d'un pouce de diametre dans la chûte bouillonnante de l'eau d'un moulin, en changeant alternativement les treffes de deffous en deffus; elles font en peu de jours devenues blanches & luifantes... On a patelé & pilé dans une auge, dans un mortier, dont l'eau fe renouvelloit fans ceffe..... MM. Home & Marcandier, ont fait macérer la filaffe dans l'eau claire, pendant trois ou quatre jours, obfervant de la battre, de la laver & de la tordre à plufieurs reprifes. Tous ces procédés la bonifient beaucoup, lui enlevent la plus grande partie de cette fubftance fi incommode, lorfqu'elle eft en pouffiere, & qui pendant la nuit, néceffite de travailler avec la lumiere renfermée dans une lanterne.

Le feul inconvénient de ces patelages & lavages multipliés, eft dans l'embarras de raffembler cette filaffe, qui flotte dans l'eau, & de la conserver en tresse. J'ai pris le parti de la faire renfermer dans des sacs de toile, & de la faire travailler ainsi dans l'eau avec des battoirs dépendans d'une autre usine; opération qui ressemble assez à celle qu'on fait subir au saffranum destiné à donner le ponceau aux soies, pour en séparer la couleur jaune terne qui lui est unie. Toutes les filasses gagnent par ces procédés en proportion de leurs qualités premieres. L'exposition de la filasse aux rosées, au soleil, aux irrigations, sert également à dissoudre la substance qui produit cette poussiere, & qui est unie avec les débris du brin de la filasse elle-même. J'ai employé la terre à foulon, & fait fouler avec le plus grand succès des tresses de filasse. Sa macération avec plusieurs especes de plantes & de racines, dont la propriété est d'être savonneuse, pourroit également être tentée.

M. Home a encore proposé dans les travaux donnés à la filasse, d'employer une dissolution de quelques alkalis unis avec très-peu d'eau de chaux, ou même avec l'eau de chaux forte. Il a démontré que ces substances n'énervoient pas plus les toiles que les lessives ordinaires; il a aussi conseillé les savons & les acides, ce qui certainement donneroit à la filasse une valeur qui seroit ensuite compensée par le moindre prix du blanchiment des toiles, & ces toiles en seroient meilleures.

Dans plusieurs endroits du Royaume, on place les tresses de filasse dans un cuvier, on les couvre d'un drap que l'on charge avec de la cendre ordinaire, seule ou mêlangée de potasse, ou de soude; enfin on coule une lessive en tout semblable à celle du linge. On fera encore mieux, si, sur la filasse & dessous le drap, on peut jeter quelques livres d'huile, même la plus rance; la partie alkaline de la lessive s'unit à cette huile, en forme un savon qui adoucit & blanchit singuliérement la filasse, & dissout en grande quantité la gomme-résine qu'elle retient encore. Les tresses enlevées du cuvier, après l'opération, demandent à être lavées à grande eau courante, & ensuite mises sur le pré, afin de profiter des rosées, & de la lumiere du soleil, qui perfectionne encore leur blanchiment. Il me paroît qu'il vaut infiniment mieux, & à tous égards, travailler sur la filasse pour le blanchiment, que sur la toile; il faut moins de local, & la toile en est plus forte.

M. le Prince de St. Séver publia, il

y a plusieurs années, un procédé pour faire de la filasse très-belle, & aussi fine que celle de Perse: voici en quoi il consiste.

Pour chaque livre de filasse, prenez six livres d'eau, demi-livre de soude pulvérisée, ou des cendres en proportion, enfin un quart de livre de chaux, fleurie ou en poudre.

Il faut prendre la filasse la plus courte, la passer par un peigne à dégrossir, afin de rompre les têtes & en enlever les ordures. On la lie avec une ficelle par paquets d'environ trois onces, & l'on joint ensemble une dixaine de ces paquets avec une petite corde pour pouvoir les laver commodément; ensuite on les met dans une petite cuve de bois, ou de terre cuite, ayant soin de placer toujours au fond le chanvre le plus gros, & on le couvre d'une toile pour recevoir la lessive.

On fait infuser la soude & la chaux pendant vingt-quatre heures, dans la quantité d'eau dont on a parlé, & on la remue de temps à autre; ensuite on met la lessive sur le feu pendant quatre heures, la faisant bouillir pendant la derniere demi-heure, & on la jete toute bouillante sur le chanvre qui est dans la cuve; puis on couvre la cuve afin qu'elle maintienne sa chaleur. Au bout de six heures, on examine si la filasse se divise en petits filamens comme ceux des toiles d'araignée, & alors on la retire. Si la lessive n'est pas assez faite, on en tire par un trou pratiqué au bas de la cuve, ce qui peut sortir; on la fait bien chauffer, on la rejette par-dessus, & on peut encore la laisser pendant une heure.

Ensuite on lave bien la filasse dans l'eau claire. Après cette opération, on prend une once & demie de savon par livre de chanvre, dont on enduit tous les paquets; on les remet dans la cuve, & l'on jette par-dessus de l'eau bouillante autant qu'il en faut pour qu'ils soient bien imbibés, & pas davantage; on les laisse ainsi pendant vingt-quatre heures; ensuite on les lave bien jusqu'à ce que l'eau sorte claire, & on les fait sécher à l'ombre. Avant de les peigner, il faut les battre avec une spatule de bois, afin qu'ils se rompent moins quand on les peigne.

On les peigne de la même façon que le lin le plus fin, & par petits paquets. Il faut séparer le fil du premier tirage, de celui du second, parce que le premier étant plus fort & plus long, est meilleur pour l'ourdissure, & l'autre pour la chaîne ; ensuite on fait passer les étoupes ou filasses, par des cardes à soie, & l'on en tire le plus fin. Lorsque le fil est fait, il ne faut point le passer à la lessive pour le blanchir, mais seulement le laver avec de l'eau chaude & du savon ; ainsi préparé, on le met en œuvre. Sur quoi il faut remarquer que le fil fait de ce chanvre, ne diminue tout au plus que d'une once par livre en blanchissant.

III. *Du sérancage* : la filasse simplement espadonnée, se met en poignées de deux ou trois livres, que l'on nomme *branches* ou *queues de chanvre brut*, que l'on tord & tresse lâchement en liasse. Sa perfection est d'être bien fournie en *têtes* ou *pattes*, (nom qu'on donne à la filasse prise du côté des racines,) d'être forte dans le milieu, & de diminuer dès les deux tiers de sa longueur, jusqu'à la pointe, qui doit finir en queue de cheval. L'attention que l'on aura eu, en formant les javelles de chanvre à rouir, de placer les plus hautes tiges de chaque sorte dans le milieu, aidera à conserver cet ordre aux queues.

Le Séranceur travaille ensuite ces queues, les passe en plusieurs peignes de différente finesse. Il dit que ces queues ont beaucoup de pattes, lorsqu'elles se refendent mal, & en forme de rubans qui ne se divisent que vers le pied.

J'ai conseillé de ne pas retrancher la partie de la racine du chanvre que l'on arrache, parce que cette partie, en suivant le procédé que j'ai indiqué, sera aussi bonne qu'une autre : il suffit de la mettre en contact, lors du rouissage, avec celles des têtes un peu feuillées : d'ailleurs, le Séranceur mouche ces têtes au premier peigne, s'il les trouve trop dures ou grossieres.

On nomme séran ou peigne, l'instrument qui sert à séparer l'étoupe du bon brin; l'*étoupe* est le brin de chanvre rompu ou bouchonné; on emploie pour les cordages, les mêches les plus grosses; on file les plus fines. M. Guettard a imaginé, au défaut de vieux linges, de faire du papier avec des étoupes; & il a très-bien réussi. Je ne fais aucune mention de l'affinage & du frottage du chanvre, parce que ces opérations en alterent trop la qualité.

La filasse férancée, se liasse en branches par deux ou trois livres pour les gros ouvrages, & le fin brin se met en cordons de trois à quatre onces.

Le chanvre le meilleur & le plus parfait, est celui qui étant le plus fin, le plus moëlleux, le plus élastique, est doux, & rompt le plus difficilement, qui est blanc, sans odeur, qui a de l'éclat, & qui est luisant. Ces bonnes qualités tiennent à la maniere de rouir les javelles, de les faire sécher.

D'autres Concurrens offriront, sans doute, des moyens plus efficaces que ceux que j'ai présentés dans ces essais; & je le desire, parce que la science y gagnera; l'aisance & le bien être du Cultivateur en seront plus assurés; enfin sa santé ne sera plus exposée au funestes suites du rouissage. Puissent mes travaux & les leurs, procurer des secours aux habitans de la campagne, en leur offrant des méthodes plus sûres & moins dispendieuses.

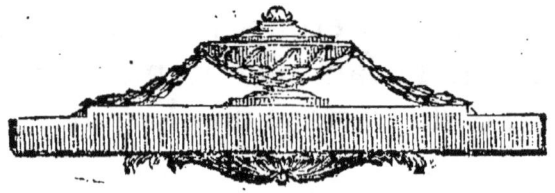

MÉMOIRE
SUR
LE ROUISSAGE
DU CHANVRE,

Qui a obtenu l'Accessit,

Par M. Prozet, Maître en Pharmacie, de l'Académie Royale des Sciences d'Orléans, Directeur du Jardin de Botanique de cette Ville, &c.

Cognitu necessarium est, quid illud sit quod sub manibus habetur, quò tutiùs illud tractare liceat.
(*Glauber.*)

La théorie des procédés, mis en usage dans les différens Arts, suppose nécessairement la connoissance des principes constituans des corps qui y sont soumis, & des agens que l'on y emploie. Pour pouvoir bien discerner ce qui se passe dans le rouissage du chanvre, il est donc nécessaire de déterminer la nature de la substance qui unit entr'elles les fibres corticales de ce végétal.

Une routine aveugle a toujours conduit cette opération ; & ce qui prouve combien l'art est encore peu avancé à cet égard, c'est qu'on ne trouve dans les Auteurs qui ont traité du chanvre, aucune définition exacte du rouissage. Le plus grand nombre ne le regarde que comme un moyen simple de faciliter la séparation de l'écorce de dessus la partie ligneuse, nul n'exprime l'espece d'altération qui opere cet effet.

Cette observation n'a point échappé à la sagacité de M. Marcandier, aussi, dans son excellent Traité du chanvre, (*pag.* 58.) définit-il le rouissage, *une dissolution proportionnée de certaine quantité de la gomme qui lie toutes les fibres du chanvre entr'elles, & de celle qui les attache à la paille.* Mais il est aisé de sentir que le rouissage n'est point seulement une simple dissolution, où, si l'on veut, une pure extraction de la partie gommeuse du chanvre, puisque dans celui que l'on pratique à sec & en plein air, la séparation des fibres corticales a également lieu, quoique cependant il n'y ait aucune extraction de la partie gommeuse.

M. l'Abbé Rozier, que ses lumieres en physique, & les services qu'il a rendus aux sciences, rendront à jamais célebre, en admettant l'existence d'une substance gommeuse, & sa dissolution *produite par l'eau de la végétation*, attribue la séparation de l'écorce d'avec la chenevotte, *à la fermentation de la partie mucilagineuse, qui détruit l'adhésion & la cohérence du gluten.* (1) Cette altération, ou pour mieux dire, cette destruction des parties de la gomme, que les connoissances chymiques de M. l'Abbé Rozier lui ont fait présumer, je l'ai démontrée dans le Mémoire que j'ai envoyé au premier concours, & j'espere dans celui-ci mettre cette vérité hors de doute. Mais le gluten du chanvre n'est-il réellement qu'une substance gommeuse ? Il me semble que la poussiere qui s'éleve pendant le battage du chanvre, & qui incommode si fort les Ouvriers, auroit dû les convaincre, il y a long-temps, du contraire.

Voyez le *Dictionnaire d'Agriculture*, tom. 3, pag. 8.

La théorie du rouissage est donc entiérement inconnue, & comme par son importance, elle doit influer beaucoup sur la pratique, ce sujet méritoit de faire l'objet des considérations d'une Société qui s'occupe de l'utilité publique, autant que le fait celle au jugement de laquelle j'ai l'honneur de soumettre le résultat de mes expériences & de mes réflexions.

Pour résoudre d'une maniere satisfaisante le problême qu'elle a proposé, j'ai cru devoir diviser mon Mémoire en autant de paragraphes, qu'il y a de questions énoncées dans son programme.

―――――――――――――――

PREMIERE QUESTION.

Quelle est la vraie théorie du rouissage du Chanvre ?

UNE théorie ne peut être lumineuse qu'autant qu'elle est appuyée par des expériences claires & précises. Je tâcherai donc d'établir la nature de la matiere qui unit les fibres de l'écorce du chanvre, avant de proposer mon sentiment sur ce qui se passe dans le rouissage de ce végétal.

Le gluten du chanvre n'est point une

pure gomme; l'eau, dans ce cas, feroit fuffifante pour l'enlever entiérement; un fimple lavage dans une eau courante, fans aucune macération préalable, l'extrairoit facilement, fur-tout fi, pour aider l'action diffolvante de ce fluide, on fouloit le chanvre avec les pieds. Le rouiffage à l'air, dans les cantons où les ruiffeaux & les étangs manquent, feroit alors une opération ridicule, puifqu'il fuffiroit d'avoir un puits, & d'en tirer l'eau, qui diffoudroit promptement la partie gommeufe. On ne peut douter que ces moyens n'aient été tentés, & leur infuffifance en aura prouvé l'inutilité.

Cette matiere glutineufe n'eft pas non plus une réfine; l'efprit de vin qui diffout la réfine, n'opére point la féparation des fibres de l'écorce du chanvre.

Afin donc de pouvoir prononcer fur ce qui fe paffe dans le rouiffage, j'ai commencé par faire les expériences fuivantes.

Premiere Expérience.

J'AI fait bouillir trois onces d'écorce de chanvre non roui, dans de l'eau diftillée; j'ai paffé la liqueur par un linge, & j'ai réitéré les décoctions, jufqu'à ce que le chanvre ne communiquât plus aucune couleur à l'eau. J'ai réuni toutes ces décoctions, je les ai évaporées au bain-marie jusqu'à siccité, & par ce moyen, j'ai obtenu un extrait brun qui pesoit trois gros. L'ayant mis dans un flacon de crystal, j'ai versé dessus une once d'æther vitriolique, dans l'instant, il s'est légérement coloré en jaune, & la couleur a été plus intense au bout de quelques jours.

Deuxieme Expérience.

Le chanvre qui avoit servi à cette décoction étant sec, a été aussi mis dans de l'æther vitriolique pendant quelques jours, & lui a fourni une légere teinture jaune.

La dissolubilité dans l'eau de la matiere contenue dans l'écorce du chanvre, prouve, sans doute, sa nature gommeuse; mais aussi la teinture fournie à l'æther vitriolique dénote l'existence d'une partie résineuse.

Troisieme Expérience.

Voulant déterminer dans quelle proportion la résine s'y trouvoit avec la partie gommeuse, j'ai mis dans un matras deux onces d'écorce de chanvre; j'ai versé dessus une suffisante quantité d'esprit de vin bien rectifié, pour que le chanvre fût entiérement couvert; j'ai fait digérer le tout à une douce chaleur pendant vingt-quatre heures. L'esprit de vin s'est légérement coloré; j'ai procédé comme dans l'expérience premiere, c'est-à-dire, que j'ai séparé l'esprit de vin coloré, & que j'en ai versé de nouveau sur le chanvre, jusqu'à ce qu'il n'en ait extrait aucune teinture. Alors, ayant reuni & filtré toutes ces teintures, j'ai retiré tout l'esprit de vin par la distillation dans un alambic de verre, & j'ai trouvé au fond de la cucurbite, une résine qui avoit une odeur de chanvre si forte, qu'elle en étoit nauséabonde, elle pesoit quarante-huit grains. Cette résine se dissout très-bien dans l'æther vitriolique, & lui communique une très-belle couleur jaune.

Quatrieme Expérience.

Le chanvre dont j'avois extrait la résine par l'esprit de vin, ayant été soumis à différentes décoctions dans de l'eau distillée, comme dans l'expérience premiere, a fourni par l'évaporation au bain-marie, quatre-vingt-six grains d'extrait gommeux, sec, & de couleur brune. J'ai versé sur cet extrait de l'æther vitriolique, & il s'est légérement coloré en jaune ; preuve certaine que l'esprit de vin n'avoit pas extrait toute la résine ; soit que les parties gommeuses & les parties résineuses adhérent trop fortement les unes aux autres, soit que lorsqu'une portion de la résine est extraite, les parties gommeuses devenant surabondantes, couvrent le peu de résine qui reste, & empêchent son contact avec le fluide dissolvant.

J'observerai, relativement à ces expériences, que les ayant répétées différentes fois, j'ai toujours retiré les mêmes produits, si ce n'est cependant que les quantités relatives de la gomme & de la résine, ont varié suivant que le chanvre étoit plus ou moins bien nourri. En effet, le climat, la culture, le terrain & les intempéries des saisons, influent sur la constitution de ce végétal, comme sur celle de toutes les plantes. Au reste, je ne rapporte ici que les expériences qui m'ont fourni un produit moyen : d'ailleurs, il me suffit de pouvoir bien déterminer par l'expérience, la nature des sucs contenus dans les fibres du chanvre : or, il me paroît démontré, d'après l'analyse que je présente,

présente, que la matiere qu'elles renferment, est une vraie gomme résine.

D'après cette connoissance, & celle que nous avons déja des altérations, dont la gomme-résine est susceptible, je pense qu'il est très-aisé d'expliquer ce qui se passe dans le rouissage du chanvre. En effet, l'eau dans laquelle on le met macérer, doit d'abord s'introduire dans les vaisseaux qui contiennent la gomme-résine, ou entre les fibres qu'elle unit ; alors, la partie gommeuse délayée, prend le mouvement de fermentation qui lui est propre. Ce mouvement intestin l'atténue & la décompose; la fibre qu'elle unissoit doit donc être rendue libre, & pour ainsi dire à elle-même; on peut donc la séparer d'une autre fibre : mais la résine qui, unie au corps muqueux, forme la substance gommo-résineuse du chanvre, n'étant pas susceptible du même mouvement fermentatif reste intacte, & est déposée sur ces fibres qu'elle colore, & auxquelles elle adhere fortement.

Pour se convaincre que les choses se passent, ainsi que je viens de le dire, on n'a qu'à se transporter dans un lieu où l'on a mis rouir du chanvre, on verra que peu de jours après qu'il a été entassé

K

dans l'eau, il s'en éleve une infinité de bulles d'air, qui crêvent à la surface. Ces bulles s'augmentent de plus en plus, & entraînent avec elles, soit quelques parties résineuses, soit des parcelles de la vase du fond, qui forment à la surface de l'eau une pellicule assez épaisse. Or, l'on ne peut douter que ces bulles ne soient des émanations *gazeuses* qui se dégagent du chanvre, par le mouvement intestin qui agite les parties dont il est composé.

Cinquieme Expérience.

AFIN de ne laisser subsister aucun doute sur une théorie aussi intéressante, & dont l'évidence m'étoit démontrée par une observation constante, j'ai fait l'expérience suivante.

J'ai coupé par petits morceaux, des brins de chanvre non rouis; j'en ai fait entrer le plus possible dans une bouteille de quatre pintes ; je l'ai remplie ensuite entiérement d'eau distillée. J'y ai mis un bouchon de liége, auquel j'avois ajusté un tube de verre, communiquant sous une cloche pleine d'eau, & placée sur la tablette de la cuve de l'appareil hydro-pneumatique. Au bout de quelques jours, l'absorption de l'eau contenue dans la bouteille fut d'un douzième; elle se colora ensuite, & à mesure que l'intensité de la couleur augmentoit, la liqueur se gonfloit & reprenoit tout l'espace que l'absorption lui avoit fait perdre. Lorsque l'intumescence fut à son comble, une écume grisâtre & épaisse couvroit la surface de l'eau, un nombre infini de bulles d'air partoient continuellement du fond, & crêvoient à cette surface. Tout ce mouvement, qui dura plusieurs jours, ne pouvoit être, sans doute, que l'effet de la fermentation, & je m'attendois à voir passer le fluide élastique, qui se produisoit dans la cloche sous laquelle étoit plongée l'extrêmité du syphon : mais mon attente fut vaine. Réfléchissant alors sur cette circonstance, je conçus que la quantité de l'eau que j'avois employée étant très-considérable, relativement à celle du chanvre, la plus grande partie de ce fluide avoit été surabondante à la dissolution de la partie gommeuse, & qu'alors cette eau excédente se combinoit, ou pour mieux dire, dissolvoit le *gaz* à mesure qu'il se produisoit. L'expérience confirma mes conjectures; car lorsque le mouvement fermentatif fut cessé, & que la liqueur eut baissé de l'espace qu'elle avoit perdu avant qu'il commençât, je débouchai la bouteille, & en ayant retiré la liqueur, j'en remplis une cornue, que je mis dans un bain de sable, & dont le bec recourbé fut placé sous la cloche de l'appareil hydro-pneumatique; ayant ensuite chauffé le bain de sable, il passa dans la cloche une grande quantité du fluide élastique.

J'examinai ensuite la nature du *gaz* que j'avois obtenu, & je vis qu'il rougissoit légérement la teinture de tournesol ; qu'il rendoit l'eau de chaux laiteuse, & qu'il la précipitoit; qu'il n'étoit point propre à la combustion, puisqu'il éteignoit une bougie allumée qu'on y plongeoit; en un mot c'étoit du gaz acide craieux, ou air fixe.

Or, d'après cette expérience, il est clair que la diminution du volume du fluide n'a été que l'effet de l'absorption, qu'en ont faite, la gomme & les fibres corticales & ligneuses du chanvre, & que l'intumescence qui a suivi, ne peut avoir été produite, ainsi que le *gaz*, que par le mouvement intestin de fermentation qui s'est excité dans les parties constituantes de la gomme.

Quant à ce que j'ai dit, que la résine du chanvre n'étant point susceptible du mouvement fermentatif, avoit été presque entiérement déposée sur les fibres de ce végétal, l'expérience est encore venue à l'appui de cette assertion.

Sixieme Expérience.

En effet, ayant fait évaporer jusqu'à siccité la liqueur de l'expérience précédente, & qui provenoit du rouissage du chanvre, elle m'a fourni un extrait brun, & d'une odeur putride très-désagréable. Cet extrait mis dans un flacon, dans lequel étoit de l'æther vitriolique, lui a communiqué très-peu de couleur ; preuve certaine de la très-petite quantité de résine qu'il contenoit.

Septieme Expérience.

D'ailleurs ayant mis digérer dans l'esprit de vin, du chanvre roui, j'ai obtenu une teinture, qui, versée dans l'eau, en troubloit la transparence, & la rendoit laiteuse, & par l'évaporation de l'esprit de vin, j'en ai retiré une résine semblable en tout à celle de l'expérience troisieme. C'est une portion de cette résine, qui, mêlée & répandue dans l'air avec la poussiere qui provient du *detritus* de l'épiderme, est portée avec cet élément dans les véficules pulmonaires, par la trachée-artere, où elle excite ces oppreſſions ſuffocantes, ces toux convulſives; en un mot, tous les accidens fâcheux qu'éprouvent les Ouvriers occupés à teiller le chanvre.

Mais la diſſolution & l'altération de la partie gommeuſe n'y ſont pas les ſeules conditions néceſſaires pour opérer la ſéparation entiere des fibres du chanvre, il faut encore que le tiſſu cellulaire ſoit détruit. En effet, on ſait que les couches corticales des végétaux, ne ſont formées que par des faiſceaux de fibres longitudinales, qui dans leurs entrelaſſemens, laiſſent des cavités, ou eſpeces d'alvéoles, qui ſont aſſez larges du côté de l'épiderme, & fort étroites du côté du bois; que ces alvéoles ſont remplies par les utricules qui conſtituent vraiment le tiſſu cellulaire, dont la continuité, depuis le bois juſqu'à l'épiderme, joint & unit enſemble toutes les couches corticales. Ces utricules ne ſont qu'une expanſion des véſicules médullaires qui ſe prolongent par des rayons divergens du centre à la circonférence, & doivent être regardées comme l'organe digeſtif des végétaux. C'eſt dans ces petites véſicules, que le principe vital de la plante élabore, ou pour mieux dire, combine à sa maniere, l'eau que les vaisseaux lymphatiques reçoivent de la terre par le moyen des pores absorbans des racines, avec l'air & la matiere inflammable que les trachées pompent dans l'athmosphere. C'est là que la seve se transmue en un suc propre, qui, porté ensuite dans toutes les parties du végétal par la voie des vaisseaux propres, lui donne le goût, l'odeur, en un mot, les différentes propriétés qui distinguent toutes les plantes les unes des autres.

Puisque la réunion des couches s'opere par la pression qu'exercent sur elles les vésicules du tissu cellulaire, l'extraction simple, ou la destruction des sucs que ces utricules contiennent, n'opéreroit point l'entiere séparation des fibres, si en même-temps on ne détruisoit le tissu fin des vaisseaux qui constituent la membrane mince de ces especes de sacs ou vessies. Or, le mouvement fermentatif qui s'excite & commence dans le tissu cellulaire, est seul propre à produire cet effet; car, par l'expansion du fluide élastique qui se produit ou se dégage, il doit distendre & dilacérer entièrement les vésicules. Par conséquent, chaque couche ou faisceau

A 4

de fibres longitudinales, est dégagé des entraves, ou si l'on veut, du point d'attache du lien qui l'unissoit à une autre couche ou faisceau de fibres. Ainsi, dans le rouissage, non-seulement la partie gommeuse est extraite & altérée, mais encore les vésicules du tissu cellulaire sont détruites par l'expansion qui s'excite dans le mouvement fermentatif qui opere la destruction des parties mucides.

Seconde Question.

Quels sont les moyens de perfectionner la pratique du rouissage, soit que l'opération se fasse à l'eau, soit qu'elle se fasse en plein air ?

D'après les connoissances que l'analyse nous a fournies sur la nature des parties constituantes du chanvre, il est clair que l'on en peut perfectionner la pratique par l'emploi d'un agent, qui en détruisant le corps muqueux & les réseaux fins du tissu cellulaire, puisse encore extraire la résine du chanvre. Ce moyen, pour être mis en pratique, doit être économique & facile, & on ne peut remplir ces deux objets, qu'en ajoutant à l'eau, qui est le seul dissolvant de la gomme, ce qui lui manque pour agir sur la résine. Il est étonnant que l'on ait méconnu, pour ainsi dire, ou du moins négligé de joindre à l'eau dans laquelle on fait rouir le chanvre, ce supplément que l'on emploie ensuite pour blanchir, soit le fil, soit la toile que l'on en prépare. En effet, il est tout naturel de penser que l'usage de l'alkali fixe dans le rouissage, procureroit un avantage réel. Il agit sur la résine en la décomposant, ou en se combinant avec elle; il forme une espece de savon qui devient soluble dans l'eau, & par conséquent, il peut servir à enlever cette partie tenace, qui en adhérant fortement au chanvre, le salit & le colore.

L'expérience vient ici à l'appui de ce que j'avance. M. Home (*) ayant mis rouir égale quantité de lin dans trois especes d'eaux différentes, l'eau dure, l'eau adoucie avec l'alkali, & l'eau douce, trouva au bout de six jours que l'eau dure & l'eau douce étoient pâles; mais l'eau dure qu'il avoit adoucie étoit d'une couleur vive. Il n'y eût que le lin

---

(*) *Essai sur le blanchiment des toiles*, pag. 368.

de l'eau adoucie, dont l'écorce fût huileuse au toucher. Il fit sécher une partie de chaque paquet ; celui qu'on avoit tiré de l'eau adoucie, étoit d'une couleur plus vive que les deux autres, & paroissoit un peu trop roui ; celui de l'eau douce ne l'étoit pas suffisamment, & ne le fut que trois jours après ; enfin, celui de l'eau dure se trouvoit dans le même état où on l'avoit mis. Il fallut plus de sept jours encore, pour que le rouissage de ce dernier fût parfait, & le lin qui en provint, n'eut jamais le moëlleux des deux autres paquets.

M. Home, n'ayant fait ses expériences que sur le lin, je les ai répétées à diverses reprises sur le chanvre, & toujours avec le même succès, avec cette seule différence, que le chanvre étoit roui en bien moins de temps que M. Home ne l'indique pour son lin ; soit que cela provienne de la différente nature des deux substances, soit que la température de la saison dans laquelle j'ai fait mes expériences, fût plus chaude que celle dans laquelle ce savant Anglois a fait les siennes. L'alkali fixe accélere donc le rouissage, & en dissolvant la résine, il rend le chanvre & plus doux & plus fin.

On ne doit point douter que la division extrême dans laquelle se trouve la partie résineuse par son union avec la gomme, ne soit la cause de cette prompte dissolution. On pourroit encore aiguiser cette action, en rendant caustique l'alkali fixe, par le moyen de la chaux vive.

Huitieme Expérience.

J'ai rempli de brins de chanvre un grand bocal de verre, de maniere que les brins y étoient très-pressés. J'ai versé dessus deux pintes d'eau distillée, dans lesquelles j'avois fait dissoudre un gros de pierre à cautere : l'eau recouvroit bien le chanvre. Dès le même jour, ce fluide a été coloré; le lendemain, la couleur étoit plus vive; le troisieme jour, elle fut d'un jaune-brun, le chanvre paroissoit alors suffisamment roui; le quatrieme jour, je versai l'eau; je le lavai bien dans de l'eau pure; je le fis sécher; & ayant séparé la chenevotte, je mis le chanvre dans de l'esprit de vin qui n'en fut pas coloré; preuve certaine que la résine avoit été enlevée par l'alkali caustique en même-temps que la gomme & le tissu cellulaire avoient été détruits.

J'observerai cependant qu'ayant une

fois employé pour cette expérience un chanvre très-gros, & dont l'écorce étoit verte, parce qu'il avoit été cueilli avant fa parfaite maturité, l'efprit de vin en tira après le rouiffage une teinture très-verte; mais cette teinture verfée dans de l'eau, n'en altéroit point la tranfparence, & s'y mêloit parfaitement. Je fis évaporer l'efprit de vin, & le réfidu fe trouva entiérement foluble dans l'eau, & la colora en verd. La réfine du chanvre, & furtout celle qui conftitue la partie colorante verte des végétaux, eft donc altérée & réduite à l'état favonneux par l'alkali cauftique.

La méthode du Prince de St. Séver, pour rendre le chanvre auffi beau & auffi fin que celui de Perfe, (*) eft encore un furcroît de preuves pour l'utilité de l'emploi de l'alkali cauftique dans le rouiffage. Cette méthode, qui confifte à faire macérer le chanvre dans une leffive de foude rendue cauftique par la chaux, démontre d'une maniere évidente, que fi la réfine n'eft pas le plus puiffant moyen que la nature ait employée pour unir les

---

(*) *Journal de Phyfique*, Introd. tom. 2 p. 584.

fibres corticales du chanvre, elle met cependant un obstacle à leur entiere séparation, lorsqu'elle a été déposée sur elles.

Je sens bien que l'on opposera contre le moyen que je propose, la difficulté de faire macérer une grande quantité de chanvre, & sur-tout l'impossibilité de le pratiquer dans une eau courante : mais, qui est-ce qui empêcheroit de faire des fosses ou routoirs, (*) dans lesquels on conduiroit l'eau, que l'on rendroit alkaline par le moyen d'une lessive de cendres & de chaux vive. Une grande cuve de bois pourroit également servir à cet usage. D'ailleurs, le peu de temps qu'il faudroit laisser macérer le chanvre pour le rouir, seroit une facilité pour y en soumettre une plus grande quantité dans le même espace

---

(*) Je ne décrirai point la forme que doivent avoir ces routoirs, ni la maniere de les construire. On sent qu'elles doivent varier suivant les lieux & les pays, puisqu'il en existe où il seroit impossible de les construire en pierre par la rareté des matériaux. Au reste, une fosse quarrée, bien propre, bien battue, & glaisée, pour qu'elle ne perde pas l'eau, est seule suffisante, & n'exige pas une forte dépense. Je voudrois seulement qu'elle fût un peu en pente vers l'une de ses extrêmités, afin de donner l'écoulement à l'eau, & de faciliter son renouvellement, lorsqu'il seroit nécessaire.

de temps que l'on emploie par la méthode ordinaire. Ce chanvre ainsi macéré, pourroit être porté tout de suite, ou au bout de quelques jours, dans une eau propre ou courante, pour y être lavé, & par-là entraîner toutes les matieres qui auroient passé à l'état savonneux. Outre l'avantage du moindre emploi de temps & de la qualité supérieure du chanvre, on auroit encore celui de pouvoir pratiquer cette méthode dans les endroits dénués d'eau ; celle des puits remplaceroit avec la même efficacité l'eau des ruisseaux. Dans le cas où la facilité d'une eau courante dissuaderoit de la construction d'un routoir, on pourroit, pour accélérer le rouissage, tremper chaque paquet de chanvre dans une eau chargée d'une dose plus forte d'alkali caustique, mettre ce chanvre en tas pendant un ou deux jours, & ensuite le porter à l'eau pour achever de le rouir. Cet entassement donneroit le temps à l'eau alkalisée de pénétrer l'écorce du chanvre, & d'en altérer le tissu des vésicules & sa gomme-résine, au point de détruire l'un & l'autre, en les rendant entiérement solubles dans l'eau.

On m'objectera sans doute encore la dépense que ce moyen entraîneroit sur une grande quantité de chanvre : mais outre les que frais feroient bien compenfés par l'économie fur le temps, & plus encore par le prix du chanvre qui feroit d'une qualité fupérieure ; il eft aifé de démontrer que cette dépenfe feroit en elle-même très-peu de chofe. En effet, l'expérience huitieme prouve qu'il faut très-peu d'alkali pour rendre l'eau très-propre à remplir l'objet que l'on fe propofe. Une livre de potaffe & une livre de chaux, feroient fuffifantes pour un poinçon d'eau qui contient deux cent pintes. On pourroit encore économifer en fe fervant des cendres qui proviennent du chauffage. Six livres de cendres calcinées, ou comme on dit, bien cuites, & une livre, ou une livre & demie de chaux vive, donneroient à un poinçon d'eau qui les leffiveroit, la faculté de produire l'effet defiré. D'ailleurs, fi cette mince dépenfe étoit encore un obftacle, on auroit la facilité, pour plus grande économie, de garder les leffives des différens blanchiffages qui fe feroient dans l'année, en les évaporant & les rapprochant, afin que leur volume ne devînt pas embarraffant. Alors, il n'y auroit qu'à les verfer fur de la chaux vive en quantité fuffifante, pour que non-feulement elle dépouillât l'alkali de l'acide craieux, ou air fixe ; mais encore, pour qu'elle détruisît les matieres mucides & grasses, dont elles se seroient surchargées par le blanchissage du linge.

Au reste, pour achever de répondre à toutes les objections, & ne rien laisser à desirer sur les avantages qui doivent résulter de cette méthode de rouir le chanvre, j'ajouterai que M. le Prince de St. Séver, ayant calculé la dépense avec le produit du chanvre préparé à sa maniere, a trouvé un bénéfice de cinquante pour cent.

TROISIEME QUESTION.

Quels sont les cas où le rouissage à l'air ou à l'eau, est préférable à l'autre ?

LE rouissage à l'air ne peut dans aucun autre cas que celui d'impossibilité, être préféré au rouissage à l'eau. En effet, l'humidité que l'air ou la rosée fournissent, agit lentement sur la partie gommeuse du chanvre ; par conséquent, elle ne peut être délayée assez promptement & suffisamment, pour recevoir le mouvement fermentatif qui doit la détruire, ainsi que le rézeau vésiculaire qui la contient ; ce mouvement

mouvement ne peut y être que lent, alternatif & partiel; peut-être même qu'il ne s'y établit jamais, & que la destruction de cette gomme n'est que l'effet des dissolutions successives qu'elle éprouve. Cette alternative d'humidité & de sécheresse, me paroît un moyen insuffisant pour détruire entièrement le corps muqueux. Une partie doit être mise à couvert par la réunion des parties résineuses : d'ailleurs, ces derniers doivent s'amonceler par la destruction lente & partielle de la gomme. D'où il suit que les fibres corticales doivent conserver entr'elles une certaine adhérence, ce qui est prouvé par l'expérience, qui démontre que dans le rouissage à l'air, on n'obtient jamais un chanvre aussi beau, ni aussi aisé à blanchir que par le rouissage à l'eau.

Si l'on veut donner à ce chanvre les qualités qu'il auroit acquises par le rouissage à l'eau, il est indispensable alors d'avoir recours à l'excellente pratique que M. Marcandier a indiquée, pour perfectionner le chanvre roui. (*) On le rendroit encore plus parfait, si la macération

_____

(*) Voyez le *Traité du chanvre*, pag. 90 & suivantes.

L

qu'il prescrit se faisoit dans une eau alkalisée, suivant la méthode que j'ai proposée.

Mais dans le rouissage à l'eau, que je préfere, il faut encore distinguer celui qui se fait dans les eaux courantes, de celui qui a lieu dans celles qui sont stagnantes. Il est certain que dans ces dernieres, la chaleur qui s'excite dans le tas par la fermentation de la partie gommeuse, peut altérer la constitution des fibres corticales elles-mêmes. On sait en effet, que les végétaux ne sont en entier qu'une matiere mucide qui a acquis plus ou moins de dureté ou de sécheresse. D'ailleurs, comme je l'ai déja observé, la partie résineuse non altérée, reste unie au chanvre. Dans le rouissage à l'eau courante tout se passe différemment ; la fermentation est moins véhémente, parce qu'à mesure qu'elle s'excite par la dissolution de la gomme, une nouvelle eau qui afflue sans cesse, entraîne nécessairement toutes les parties muqueuses, altérées ou détruites. Cette lotion succédant rapidement & pour ainsi dire instantanément, au mouvement fermentatif qui altere une portion de la résine, est entraînée à raison de son extrême division, & de son union avec la gomme. Le chanvre roui dans une eau courante, aura donc l'avantage sur celui qui est roui dans une eau stagnante, d'être plus blanc, plus beau, & d'autant plus fort que ses fibres n'ont point été endommagées par la chaleur que le tassement & la fermentation excitent dans une eau stagnante. Cette chaleur ne pouvant exister dans un chanvre qu'une eau courante délave & rafraîchit sans cesse.

Il est vrai que cette chaleur accélère le rouissage; mais les avantages qui résultent de celui qui se fait dans une eau courante, doivent bien compenser la perte de temps que l'on y éprouve. J'en conçois tellement l'utilité, que je voudrois même, dans la méthode que j'ai proposée, qu'après deux ou trois jours de macération dans l'eau alkalisée, on changeât l'eau, s'il étoit possible. Le chanvre que l'on obtiendroit seroit de la plus grande blancheur.

Il y a encore un désavantage très-grand à rouir le chanvre dans les eaux stagnantes ; elles sont ordinairement très-bourbeuses : or, le mouvement fermentatif qui s'excite dans le chanvre, produisant de la chaleur, il s'ensuit un dégagement très-grand de l'air inflammable contenu dans cette vase. Les bulles de cet air, en s'élevant du fond à la surface, entraînent nécessairement les parties les plus légeres de la bourbe, qui long-temps suspendues dans l'eau, se déposent enfin sur le chanvre, & le salissent. Je connois un canton de la Province que j'habite, dans lequel le chanvre est presque noir, parce que les Paysans le font rouir dans un ruisseau très-vaseux, & dont les eaux n'ont point de mouvement. Un Particulier a cependant trouvé le moyen de parer à cet inconvénient, en commençant par faire un très-bon lit de paille, sur lequel il place son chanvre, & qu'il entremêle couche sur couche avec de la paille. Par ce procédé très-simple, il est parvenu à avoir du chanvre blanc. Il est visible qu'en multipliant les surfaces, il a paré à l'accumulation de la vase sur son chanvre, peut-être même aussi une portion de la résine du chanvre lui-même s'est-elle portée sur la paille.

QUATRIEME QUESTION.

Y auroit-il quelque maniere de prévenir l'odeur désagréable, & les effets nuisibles du rouissage à l'eau ?

L'ODEUR qu'exhale le chanvre qui rouit, provient des *gaz*, acides, craieux, inflammables, qui se dégagent de toute matiere végétale ou animale en fermentation. D'où il suit qu'il est impossible d'empêcher ces émanations, dès que l'on soumettra une certaine quantité de chanvre au rouissage dans des eaux stagnantes. Les vapeurs qui s'élevent de la vase de ces eaux, ne peuvent que se multiplier toutes les fois que l'on y portera de nouveaux germes de putréfaction. On peut, à la vérité, les diminuer, en ayant bien soin d'effeuiller le chanvre, mais on ne peut les corriger.

Le meilleur moyen d'éviter les exhalaisons, seroit de faire rouir le chanvre dans l'eau aiguisée par l'alkali caustique, ainsi que je l'ai indiqué. La dissolution prompte de la substance gommo-résineuse du chanvre qu'elle opéreroit, est sans contredit le plus sûr préservatif : d'ailleurs, l'alkali, comme antiseptique, oppose un obstacle insurmontable à la fermentation. J'ai eu la preuve de ce que j'avance ici dans mon expérience huitieme; quelque attention que j'aie apporté à ce qui s'y passoit, je n'ai vu aucun mouvement dans la liqueur; la dissolution s'est faite sans dégagement d'aucun fluide élastique, & l'eau du rouissage, qui a été très prompt, n'exhaloit aucune mauvaise odeur.

Le rouissage à l'eau courante me paroît encore un moyen infaillible contre les mouvemens que l'on cherche à prévenir. La substance gommeuse, entraînée dans l'instant même qu'elle s'altere, ne peut passer à la putréfaction, & fournir par sa décomposition entiere, des miasmes putrides qui infectent l'athmosphere.

CONCLUSION.

L'EXPÉRIENCE étant le seul guide que j'ai suivi, je pense avoir démontré par elle.

1°. Que le rouissage n'est autre chose qu'une opération par laquelle on détruit l'adhésion des fibres corticales entr'elles, en se servant de l'eau pour exciter dans la gomme un mouvement fermentatif qui la décompose, tandis que l'expansion qui en est l'effet, déchire & détruit les vésicules du tissu cellulaire dans lesquelles cette gomme est contenue.

2° Que le chanvre contenant une matiere ésineuse, intimément unie à la partie gommeuse, le meilleur moyen d'en perfectionner le rouissage, seroit d'aiguiser l'action de l'eau par celle de l'alkali caustique, qui remplissan tou es les conditions nécessaires au rouissage, procureroit encore un plus grand avantage par la dissolution entiere de la résine, & par une suite nécessaire, plus de blancheur & de finesse au chanvre.

3°. Que dans la pratique ordinaire, le rouissage à l'eau courante est préférable à celui qui se pratique à l'air, ou dans une eau stagnante, parce qu'en réunissant tous les avantages des deux autres, il n'est sujet à aucun de leurs inconvéniens.

4°. Enfin, que l'emploi de l'eau aiguisée par l'alkali caustique, joint encore aux avantages que j'ai fait connoître, celui de prévenir l'odeur désagréable, & les effets nuisibles du rouissage à l'eau pure & stagnante.

MÉMOIRE
SUR
LE ROUISSAGE
DU CHANVRE,

Qui a mérité les éloges de la Société Royale.

Ut varias ufus, meditando, extunderet artes.
Virg. Georg. lib. 1.

L'ILLUSTRE Société deftine une récompenfe à celui qui remplira mieux fon objet, vraiment patriotique, touchant la maniere de perfectionner le rouiffage du chanvre ; en eft-il de plus flatteufe que l'honneur d'obtenir fon fuffrage, & d'être utile à fon pays ? C'eft dans ces fentimens que je vais tâcher de répondre avec précision, aux questions proposées. Je ne dirai rien qui ne soit appuyé sur mes propres expériences, lesquelles m'ont dévoilé les erreurs où ont été induits les Auteurs qui ont traité ou parlé de cet objet important de production.

Pour se décider sur les moyens d'améliorer le rouissage du chanvre, soit que l'opération se fasse par l'eau, soit qu'elle se fasse en plein air, il faut d'abord distinguer ces deux méthodes. La premiere qui consiste à faire rouir le chanvre dans un routoir est très-connue, cependant je ferai à ce sujet des observations que je crois utiles. La seconde est de l'étendre sur la terre pour qu'il se rouisse par l'effet de la rosée & du soleil ; on sait que l'une & l'autre méthode tend à séparer l'écorce de la chenevotte, ou si l'on veut, de la partie ligneuse.

Rouissage du Chanvre par l'eau.

ON s'assure de la maturité du chanvre, lorsqu'on voit les tiges du mâle jaunir, la fleur sécher & tomber en poudre, & qu'il y a des tiges du mâle d'un roux foncé, c'est alors le temps de l'arracher.

Le chanvre femelle, c'eſt-à-dire, celui qui produit la graine, & que le vulgaire nomme improprement mâle, ne jaunit & ne ſe flétrit pas ſi-tôt; il conſerve plus long-temps ſon verd foncé, par la raiſon qu'il eſt deſtiné à végéter encore juſqu'au milieu de Septembre, temps où la graine touche à ſa maturité.

Les Auteurs, entr'autres ceux de l'Encyclopédie, ſuppoſent que dans le mois d'Août on fait le tirage, & qu'on n'arrache que le mâle pour laiſſer fructifier toutes les plantes de la femelle; mais l'on ne ſuit point cet uſage dans les pays où l'on ſeme beaucoup de chanvre; on ne laiſſe ſubſiſter les tiges de la femelle qu'à concurrence de la ſemence dont on a beſoin l'année ſuivante; ſi l'on en agiſſoit autrement, on auroit une trop grande quantité de graines, & ce ſuperflu ne pourroit ſervir qu'à faire de l'huile, dont la valeur ne dédommageroit pas l'Agriculteur de la perte qu'il eſſuieroit ſur la quantité & la qualité de la filaſſe des tiges laiſſées pour produire la graine, car elle n'a plus, à beaucoup près, la fineſſe & la ſoupleſſe du chanvre arraché en Août, & ne s'emploie guere qu'à la corderie.

Ainſi, lorſque l'on s'apperçoit de la

maturité du mâle, ou chanvre à fleurs, par les signes ci-devant indiqués, on peut arracher aussi la femelle, quoique son écorce paroisse verte & végétative, elle ne rendra pas moins de la bonne filasse.

Après que le chanvre est arraché, il n'est point nécessaire, comme le disent les Auteurs de l'Encyclopédie, de l'exposer au soleil pour faire sécher les feuilles & les fleurs, ni de le frapper contre un mur, ni contre un tronc d'arbre pour les faire tomber; c'est un travail tout à la fois vain & pénible, puisque l'opération du routoir & l'étendage, suffisent pour putréfier, & faire tomber les feuilles & les fleurs.

Ce ne peut être que sur des instructions inexactes que ces Auteurs ont dit, qu'il faut faire sécher le chanvre au soleil; M. de Bomare, d'après M. Marcandier, a raison de dire, qu'il vaut mieux rouir le chanvre, quand il est verd, & que les sucs circulent encore, que d'attendre qu'il soit sec; lorsqu'il pleut sur du chanvre sec, ajoute-t-il, la pluie le tache & le noircit, & il faut plus de temps pour le rouir.

En effet, lorsque le chanvre est verd, nouvellement arraché, les pores de sa tige sont plus ouverts, elle est plus susceptible d'être pénétrée par l'eau qui dissoutient & chasse au dehors la seve gommeuse qui unit l'écorce à la chenevotte ou partie ligneuse ; au contraire, si l'on fait sécher le chanvre avant de le mettre au routoir, ses pores se resserrent, l'eau est plus long-temps à le pénétrer, & le rouissage s'opere difficilement, d'autant plus que sa matiere gommeuse & sa fécule, ont éprouvé de l'altération pendant la dessication.

Mais j'ose assurer que M. de Bomare s'est trompé à son tour, en disant qu'il faut couper la tête & la racine du chanvre avant de le mettre dans le routoir ; c'est un travail non-seulement long & inutile, mais encore désavantageux : on conçoit en effet, que la filasse devenant, par ce procédé, obtuse à ses deux extrêmités, ne peut pas si bien se lier à la filature ; d'ailleurs, c'est une perte réelle sur la quantité & le poid de la filasse, qui est très-bonne, jusqu'à l'extrêmité supérieure. Il est vrai que celle de la racine, ou de la partie voisine, est plus grossiere, mais l'Ouvrier la sépare aisément sur les peignes, & en forme une qualité qu'on nomme *têtes*, qui, quoiqu'inférieure à l'autre, ne laisse pas de se filer, ou de servir à des cordes d'emballage. Il suffit donc, en arrachant le chanvre, de battre les poignées contre la terre, ou contre le pied de l'arracheur, pour en détacher le peu de terre qui y reste, & d'en faire des paquets du poids d'environ quinze livres, pour les porter au routoir sans délai.

Les Auteurs de l'Encyclopédie donnent à un routoir, trois ou quatre toises de longueur, sur deux ou trois de largeur, & trois ou quatre pieds de profondeur; ils disent que les routoirs ne sont quelquefois que de simples fossés, & qu'on fait aussi rouir du chanvre dans le lit des rivieres; ils ajoutent que ce dernier procédé est abusif, & ils ont raison sur ce point.

Quant aux dimensions des routoirs, il vaut mieux ne leur donner qu'environ douze pieds de largeur sur toute la longueur qu'on souhaite; j'en connois beaucoup qui, sur la largeur de douze pieds seulement, ont cent, & jusqu'à cent-quarante pieds de longueur; il est évident, qu'il est plus facile d'y placer & d'en retirer les pierres & les autres fardeaux dont on charge le chanvre, & qu'on est mieux à portée d'observer l'opération du rouissage sur toute la surface. Il est à propos aussi que le routoir ait au moins quatre pieds de profondeur; par ce moyen, il peut contenir une plus grande quantité de chanvre, qui trempe mieux dans l'eau.

Ce qu'il y a de plus essentiel, quoique négligé par les Auteurs qui ont traité de l'Agriculture, & par la plus grande partie des Laboureurs du Royaume, c'est de paver l'aire du routoir, de lui donner sur sa longueur une pente d'environ neuf lignes par toise, & de l'environner de murs à la hauteur du terrain, avec une vanne à son extrêmité inférieure; il résulte de ce procédé plusieurs avantages.

1°. Le routoir conserve toujours son premier diametre, au lieu que s'il n'est qu'en terre, il s'élargit à sa surface supérieure, & se rétrécit à l'inférieure par les éboulemens de terre, ce qui occasionne un travail annuel pour relever la terre qui s'est éboulée.

2°. Le chanvre étant plus propre, la filasse est plus belle.

3°. Si les bottes de chanvre qui sont au fond du routoir gissent sur la terre & sur la vase, elles sont exposées à se pourrir, ce qui n'arrive pas lorsqu'il y a un pavé.

4°. Par le moyen de la vanne, on peut

proportionner la quantité d'eau à celle du chanvre.

5°. Enfin, les routoirs conftruits dans cette forme, exhalent moins de mauvaife odeur, & il eft bien plus facile de les nettoyer.

Il eft vrai que tous les Agriculteurs ou Propriétaires, ne font pas en état de faire la dépenfe des murs d'entourage; mais du moins, ne faut-il pas négliger de paver l'aire du routoir, & d'y placer une vanne, ce qui ne fauroit être bien difpendieux.

Le routoir doit être placé au foleil; on y arrange le chanvre à trois, quatre ou cinq paquets de hauteur, c'eft-à-dire, en proportion de la profondeur du routoir, & de l'élevation que l'eau peut acquérir; on le couvre de folives, de madriers, ou de planches qu'on charge de pierres, fans qu'il foit befoin d'y ajouter de la paille, comme le difent quelques Agronomes; mais il eft plus utile & plus commode de faire cet arrangement à fec, que lorfque le routoir eft plein d'eau; car en ce cas, il eft très-difficile, pour ne pas dire impoffible, de l'arranger exactement, & le rouiffage ne fe fait jamais fi bien, parce que la fermentation ne peut s'opérer d'une maniere aussi uniforme & aussi efficace lorsqu'il reste des lacunes, des espaces vuides entre les bottes, que lorsqu'elles sont exactement rangées & pressées.

Si l'on veut avoir tout à la fois de l'eau propre, & dont la froideur ne prolonge pas l'opération du rouissage, il faut former à quelque distance, & au dessus du routoir, une marre, fermant aussi avec une vanne, dans laquelle on fera couler d'avance, & séjourner une quantité suffisante d'eau pour remplir le routoir, & lorsque le chanvre y aura été arrangé, on lâchera les eaux de la marre pour le remplir, ce qui sera plus promptement exécuté, & par-là, l'on préviendra cet autre inconvénient, qu'une partie du chanvre reste trop long-temps à sec, tandis que l'autre trempe dans l'eau.

Le courant d'eau destiné à renouveller celle du routoir, entrant & sortant aussi de cette même marre, y perdra sa crudité, sa froideur, & l'on aura encore cet avantage, que si l'on est dans le cas de dériver les eaux d'une riviere, d'un torrent, &c., dont les eaux se trouveroient troubles & chargées de vase, elles se clarifieront dans la marre par leur séjour,
leur

leur ſtagnation, & ne porteront pas dans le routoir les parties hétérogenes dont elles étoient chargées.

Enfin, c'eſt auſſi un moyen efficace pour nettoyer le routoir, & prévenir la mauvaiſe odeur qui s'en exhale, comme nous l'expliquerons plus particuliérement dans la ſuite.

Le chanvre eſt plutôt roui, lorſqu'il fait chaud, que lorſqu'il fait froid; dans une eau croupiſſante & tiede, que dans une eau froide qui coule; parce que la fermentation augmente évidemment en raiſon de la chaleur de l'air & de l'eau; auſſi ne peut-on pas déterminer au juſte, le temps qu'il faut pour le rouir; cependant il eſt très-important qu'il ſoit roui à propos; car s'il l'eſt trop, la filaſſe perd de ſa quantité, de ſon poids & de ſa force; & s'il ne l'eſt pas aſſez, l'écorce reſte trop adhérente à la chenevotte, la filaſſe eſt dure, élaſtique, & l'on ne peut jamais bien l'affiner.

Entre ces deux extrêmes, il y a aſſurément une moyenne proportionnelle; l'eau qui pénetre la tige du chanvre, aidée de la fermentation qui s'opere dans le routoir, diſſout & chaſſe au dehors la gomme naturelle qui unit l'écorce à la

M

tige ; mais la partie la plus pure, la plus déliée de cette substance gommeuse doit rester dans l'écorce pour conserver sa souplesse & sa cohérence.

Si le rouissage est poussé jusqu'à la putréfaction, par un trop long séjour du chanvre dans le routoir, la filasse sera légere, foible, incohérente, parce qu'elle se trouvera entiérement dépourvue de cette partie la plus pure & la plus subtile de la seve gommeuse, dont elle doit rester impregnée, quoiqu'en très-petite quantité.

Au contraire, si le rouissage est imparfait, la filasse sera dure, élastique, impropre à être bien affinée, parce qu'elle restera empreinte d'une trop grande partie, & de la partie la plus grossiere de cette même gomme naturelle à la plante.

On s'expose à l'inconvénient du premier de ces deux cas, si l'on fait rouir le chanvre dans une eau croupissante & tiede, sans y ménager un petit courant d'eau pour la renouveller, parce que la fermentation étant trop précipitée, peut tromper l'œil & la vigilance du Laboureur.

D'ailleurs, dans l'eau croupissante, toujours plus ou moins chargée de vase, la filasse prend nécessairement une couleur terne, qui la rend moins marchande, &

il s'exhale plus de mauvaife odeur du routoir, que lorfque l'eau y eft renouvellée par un courant.

On doit donc donner la plus grande attention à fon routoir, & lorfque le rouiffage eft à fon vrai point, il faut auffi-tôt en retirer le chanvre, ranger les bottes en pyramides pour faire un peu écouler l'eau avant de les délier & de les étendre, & y employer le plus de bras qu'il eft poffible pour accélérer le travail.

Il eft étonnant que les Agronomes n'aient indiqué d'autre figne pour reconnoître fi le chanvre eft roui à propos, qu'en éprouvant fi l'écorce fe leve aifément & de toute fa longueur de deffus la chenevotte.

Je puis affurer que l'opération feroit en partie manquée, fi l'on s'en tenoit à ce procédé, c'eft-à-dire, que le chanvre feroit trop roui, fi en rompant les tiges, l'écorce s'en féparoit aifément, en un feul brin, dans toute leur longueur.

Il faut au contraire, que cette féparation éprouve une légere difficulté, que l'écorce ne fe détache de la chenevotte qu'en formant un brin fourchu, vers le tiers, ou la moitié de la longueur de la chenevotte, comme un effet de la foible réfi-

M 2

stance qui doit encore subsister, & qui cède ensuite entiérement à l'opération de l'étendage : ce n'est là d'ailleurs, qu'une conséquence du principe que je viens de poser, que l'absence totale de la substance gommeuse, seroit aussi funeste à la qualité de la filasse que sa surabondance.

Au reste, il ne faut pas se borner à faire l'expérience sur les tiges qui sont les plus superficielles dans le routoir, il faut la faire aussi sur d'autres tiges tirées des bottes du second ou du troisieme rang & du centre ; car il arrive souvent que les tiges les plus exposées au soleil, dans le routoir, sont plutôt rouies que celles des bottes inférieures.

Quand on a retiré le chanvre du routoir, qu'on a laissé écouler l'eau des bottes rangées droites, comme nous l'avons dit, il faut les délier entiérement, les étendre & les faire sécher ; mais ce n'est pas comme le disent les Auteurs de l'Encyclopédie, le long d'un mur, ou sur la berge d'un fossé, ou simplement à plat, dans un endroit où il n'y ait point d'humidité : assertions puisées sur de fausses instructions prises d'Agriculteurs inexpérimentés. Il faut au contraire, étendre le chanvre sur des prairies nouvellement fauchées, ou qui ont servi de pâturage aux bestiaux, c'est-à-dire, dont l'herbe soit très-courte : enfin, faute de cette espece de sol, il faut les étendre sur les terres à bled, où il croît un peu d'herbes après les moissons.

Cet étendage est préférable à tous autres, parce que la rosée dont cette herbe courte s'imbibe pendant la nuit, lave le chanvre, & en perfectionne le rouissage, en absorbant la quantité superflue qui peut rester de la substance gommeuse, dont j'ai parlé; & qu'elle blanchit & adoucit la filasse; au lieu qu'en le faisant sécher sous un abri, la couleur n'en est jamais si belle, & la filasse n'a pas la même souplesse, restant trop empreinte de la substance gommeuse ou partie extractive, qui se trouve répandue sur la surface extérieure de la tige, par l'action du routoir.

Le chanvre ayant été étendu, comme je viens de le dire, il faut l'y laisser pendant quatre jours, si le temps est beau. Quand il a reçu d'un côté deux rosées, on le tourne de l'autre avec une perche de huit à neuf pieds de longueur, pour en recevoir autant de cet autre côté, & lorsqu'il est sec, on le lie en paquets, & on le serre pour le teiller ensuite dans le temps qu'on veut.

Si au contraire, il pleut, pendant que le chanvre est étendu, il ne faut pas laisser de le retourner avec la perche; mais lorsqu'il a reçu la pluie des deux côtés, ne fût-ce que deux ou trois heures, il n'est plus besoin qu'il reçoive de rosée, & il faut épier le moment où il sera sec pour l'enlever sans délai, car s'il recevoit plus long-temps la pluie, il pourroit se griser ou se noircir, & la filasse éprouveroit la même imperfection, que lorsque le rouissage est porté trop loin & tend à la putréfaction.

Il me reste à parler des tiges du chanvre femelle qu'on a laissé pour porter la graine, & qu'on n'arrache qu'au mois de Septembre; il est certain que son entiere maturité rend son écorce trop ligneuse, & sa filasse plus grossiere & plus rude que celle du chanvre arraché en Août. Cependant on le fait rouir comme l'autre, aussitôt qu'on en a retiré la graine, & si l'automne est trop pluvieux & trop froid, on peut même renvoyer son rouissage au printemps suivant, comme je l'ai vu pratiquer plusieurs fois; mais il vaut mieux le rouir sans délai, s'il est possible, par la raison que j'ai déja donnée, que le rouissage est plus accéléré & plus efficace, lorsque la tige du chanvre est verte, que lorsqu'elle est seche.

Du rouissage au soleil & à la rosée.

CETTE méthode ne doit être pratiquée que dans les cas où l'on ne peut se procurer des routoirs & des eaux. On étend le chanvre qu'on vient d'arracher sur un pré nouvellement fauché, ou sur un pâquis, ou enfin sur une terre en jacheres où il y ait un peu d'herbes, & l'on a soin de le tourner & de le retourner chaque jour, ou du moins de deux en deux jours, jusqu'à ce qu'en rompant les tiges, on trouve que l'écorce se sépare de la chenevotte.

Mais, quelques soins qu'on puisse donner à ce genre de rouissage, on éprouve toujours deux inconvéniens nuisibles ; 1°. s'il survient des pluies tant soit peu durables, ou des brouillards, l'écorce de ce chanvre devient noirâtre ou grise, ce qui rend la filasse moins marchande, & par-là même, moins précieuse.

2°. Elle est plus dure, plus élastique & moins susceptible d'être affinée que celle du chanvre passé au routoir, parce qu'il y reste une surabondance de la seve gommeuse & de la fécule, naturelles à la plante, que la rosée n'a pas la puissance de dissoudre & jeter au dehors, parce qu'elle n'est pas continuelle & n'est pas secondée par la fermentation qui s'opere dans un routoir.

Et cette substance gommeuse qui abonde trop dans la filasse étant très-susceptible d'attirer l'humidité, il s'ensuit que la toile ou les cordes qu'on en fabrique, se tourmentent, se roidissent, se coupent, & ne sont pas de durée, comme celles fabriquées avec la filasse du chanvre passé au routoir, qui est comme naturalisée & habituée à l'eau, & qui, ne conservant que la partie la plus pure & la plus atténuée de cette substance gommeuse, propre à lui conserver sa souplesse & sa cohérence, se prête à tous les mouvemens, & aux accidens de l'humide & du sec.

Ainsi, sous tous les rapports, & dans tous les cas, le rouissage à l'eau est préférable à celui qui se fait au soleil & à la rosée.

Moyens pour prévenir, autant qu'il est possible, l'odeur désagréable & nuisible du rouissage à l'eau.

La forme & la propreté du routoir, le renouvellement de l'eau, la facilité de la faire écouler du routoir après que le chanvre en est retiré ; enfin, les soins qu'on peut donner, pour qu'il n'y reste, ni de la vase, ni de l'eau fétide ; voilà les moyens qui paroissent se présenter pour prévenir la mauvaise odeur qui s'exhale des routoirs, & les suites fâcheuses qui peuvent en résulter.

J'ai déja observé que le routoir doit être d'environ douze pieds de largeur, sur telle longueur qu'on veut, & d'environ quatre pieds de profondeur.

Que l'aire doit être pavée, & avoir neuf lignes environ de pente par toise ; qu'il est très-utile de l'environner de murs à la hauteur du terrain, avec une vanne à son extrêmité inférieure.

J'ai fait appercevoir aussi les avantages qu'on se procure en formant au dessus du routoir, une marre où l'on recueille les eaux qui servent à remplir le routoir, & dans laquelle passe & se tiédit le petit courant d'eau qui vient renouveller celle du routoir.

Lorſqu'on voudra en retirer le chanvre, on ouvrira d'abord la vanne pour faire écouler l'eau du routoir ; auſſi-tôt que le chanvre en aura été retiré, on ouvrira auſſi la vanne de la marre, en ſorte qu'il s'en écoule une bonne quantité d'eau, & à ſon arrivée dans le routoir, deux hommes avec des rables ou de forts balais, agiteront & dirigeront cette eau de maniere qu'elle puiſſe entraîner le reſte de la vaſe & que le fond du routoir reſte propre.

Par ce procédé bien ſimple, on préviendra la fermentation & les évaporations fétides de la vaſe, & l'on pourra, s'il eſt néceſſaire, faire un ſecond rouiſſage, ſans nuire à la qualité du chanvre & de la filaſſe ce qui ſeroit impoſſible, ſi le routoir reſtoit mal-propre.

On conçoit, par ce que je viens de dire, qu'il eſt utile de placer les routoirs dans des endroits où l'on trouve une pente naturelle & ſuffiſante pour l'écoulement des eaux. J'ajoute que ſi le propriétaire à des prairies dans le voiſinage, il fera très-bien d'y conduire ces eaux pour les en arroſer, car elles y porteront la fécondité ; mais en ce cas, pendant huit jours environ, il ne faudra pas y faire paître les beftiaux, car ils pourroient en être incommodés.

Il peut arriver qu'on foit obligé d'établir les routoirs dans des endroits où il n'y a prefque point de pente, & où l'on ne pourroit ni établir une provifion d'eau dans une marre fupérieure, ni donner à l'aire du routoir l'inclinaifon dont j'ai parlé, ni le nettoyer par un écoulement complet.

En ce cas, il n'y a d'autre reffource que celle de puifer fans retard la vafe qui refte au fond du routoir, & ce travail ne fera pas fans récompenfe, car cette vafe portée dans un champ, ou fur un pré, y fervira d'engrais qui dédommagera le Propriétaire, des frais du travail.

Par ce moyen on préviendra également la fermentation & la putréfaction de la vafe dans le routoir, & les exhalaifons qui en font l'effet néceffaire.

Soit qu'on fuive ce procédé, foit qu'on faffe ufage du premier, qui eft fans contredit préférable, il en réfultera encore cet avantage que l'eau & la vafe du routoir n'iront pas infecter les ruiffeaux ou les rivieres, & ne nuiront pas aux poiffons qui, lorsque les eaux des routoirs abondent jusqu'à un certain point, en sont enivrés & périssent même quelquefois.

Je m'estimerai heureux, si ces observations peuvent remplir les vues de l'illustre Société, & si j'obtiens son suffrage, j'oserai dire d'après Horace : *Sublimi feriam sidera vertice.*

INSTRUCTION FAMILIERE

Sur la Culture & le Rouit du Chanvre, à l'usage des Gens de la campagne,

Par M. le Chevalier de Pertuis (*).

AVANT-PROPOS.

LA culture du chanvre ne convient qu'aux petits Cultivateurs de terres à la charrue, ou à bras, aux Vignerons, aux Journaliers, & aux Gens de métier dont la profession ne prend pas tout leur temps, ou celui de leur famille. Ceux qui font faire toutes les préparations qu'il exige avant la vente, n'y trouvent qu'un foible bénéfice.

(*) Ce Mémoire n'a point concouru pour le prix. L'Auteur l'a remis à la Société Royale d'Agriculture, & elle a pensé qu'il convenoit de le faire imprimer, parce qu'il présente beaucoup de détails sur la pratique.

Cultiver cette plante, c'eſt s'aſſurer des journées pour les ſaiſons où l'on n'en a que peu, ou point. C'eſt ſe mettre hors du cas d'offrir ſes bras à vil prix ; c'eſt ſe donner des reſſources pour payer les rentes, les loyers & les impôts ; & après y avoir ſatisfait, on trouve encore ſon linge, des habillemens, & de quoi s'éclairer. D'ailleurs, dit le proverbe, on ne gagne jamais tant qu'en travaillant pour ſoi.

Quelque bonne que ſoit la culture des grains, elle produit beaucoup moins au menu peuple, que celle du chanvre. Depuis long-temps on dit, au Laboureur les terres, au Vigneron les vignes, &c. Lorſqu'on a quelques terres à ſoi, ou autrement, on peut mettre une portion en chanvre. A qualité égale, la plus proche de la maiſon doit être préférée ; la cheneviere veut entendre le chant du coq.

Si vous n'avez point de terres, louez-en ; pour déterminer les Propriétaires à le faire, augmentez le loyer ordinaire, s'il le faut ; la terre étant bonne, vous y trouverez encore un grand avantage en ſuivant ce qu'on va vous dire. Il vaut mieux cela que d'être oiſif : pluſieurs petits profits en font un gros ; qui ne gagne rien dépenſe plus qu'un autre.

Avant de vous inftruire, on s'eft inftruit foi-même, & ce qui fuit eft le réfultat d'une pratique éclairée, fuivie pas-à-pas. Puiffent les foins qu'on a pris d'en recueillir les principes, tirer de la mifere une multitude de familles laborieufes & honnêtes, qui n'y font plongées que faute d'occupation !

Pour plufieurs de vous, tout ce qu'on va dire ne fera pas nouveau, mais le plus grand nombre pourra y trouver fon utilité, & de bons confeils.

Du Chanvre.

CETTE plante nous vient des Indes, elle croît & meurt chaque année; en moins de quatre mois & demi, on la feme & on la récolte.

Elle pouffe droite & feule, c'eft-à-dire, fans tâler ou trocher. Sa tige eft creufe, fa racine eft pivotante, fon écorce eft ce qui fe file, ou fert à faire des cordages; on fait de l'huile de fa graine, & des tourtes du marc preffuré, qui fervent à engraiffer les beftiaux.

Le chanvre a deux fexes : le mâle porte les fleurs; on le nomme mal-à-propos femelle. La femelle porte la graine, & c'eft elle qu'improprement on nomme mâle. La graine eſt connue ſous le nom de chenevis. Le chanvre eſt une des plus utiles plantes que nous ayons. Rien ne peut encore la ſuppléer avantageuſement; elle ſert aux riches comme aux pauvres.

La France en conſomme aujourd'hui, entre trois & quatre cent millions de livres, en toiles, toilettes, fil, vêtemens, cordages, voitures, ſacs, ficelles, enveloppes, &c. C'eſt à-peu-près du tiers à moitié plus qu'on n'en uſoit il y a cinquante ans, ſuivant toute apparence.

On ſeme bien plus de chanvre aujourd'hui qu'autrefois; on le cultive mieux dans beaucoup d'endroits, & cependant ce qu'on a ne ſuffit pas, puiſque nous en tirons de l'Etranger, tandis que ci-devant nous lui en vendions. Sa valeur a doublé depuis trente ans. Notre climat lui convient, & lorſqu'on obſerve le temps de ſemer, que la cueillette & le rouit ſont ſoignés, il y eſt généralement meilleur que dans les pays du nord & du midi. Dans l'un, il fait trop froid pour que le chanvre ait de la force; dans l'autre, il fait trop chaud pour qu'il y ſoit ſouple & liant : d'ailleurs il veut de l'eau après avoir été ſemé.

Sa hauteur dépend de beaucoup de circonſtances; telles que le temps, les terres,

terres, les positions & les soins. Elle est estimée bonne à cinq pieds : on en voit de sept & de huit pieds. On a vu en Auvergne, des chenevottes entieres beaucoup plus longues.

La filasse du chanvre qui porte les fleurs est toujours plus douce, plus forte & plus estimée que celle de la femelle qui porte la graine ; elle donne plus de cœur, plus de filasse forte. Voyons quelles sont les terres qui conviennent le mieux à cette plante.

Des terres qui conviennent au Chanvre.

On voit du chanvre sur toutes les especes de terres indistinctement, mais à culture & soins égaux, les meilleures sont celles qui en rapportent le plus ; cependant il y en a sur lesquelles on ne peut récolter de froment, & qui produisent presque toujours beaucoup plus de chanvre que les meilleurs sols : tels sont tous les lieux aquatiques qui peuvent être facilement desséchés, & qui ont une couche de terre noire, ou plus ou moins brune.

Cette plante pivote, par cette raison, elle demande un terrain qui ait du fond. Si la couche de terre reposoit sur un banc de pierre, ou de tuf, ou de greve, qu'elle n'eût pas au moins un pied, elle n'y réuffiroit point dans les années feches & chaudes; l'extrêmité de fon pivot veut trouver du frais, & voilà la raifon pour laquelle elle réuffit fi bien dans les terrains humides. Voici par ordre de bonté les terres qui lui conviennent le mieux, avec la maniere de préparer celles qui ne le font pas.

Premiere efpece. La terre du bord des grands marais.

Si l'eau fe trouve à la fuperficie, faignez le terrain par des foffés; faites des planches de trente pieds de large, & rejettez la terre des foffés fur les planches.

Ne baiffez l'eau que de dix-huit pouces au plus. Si les chaleurs & les féchereffes font longues, engorgez les foffés pour y faire monter l'eau à dix pouces, ou un pied près de la fuperficie.

Si l'année eft pluvieufe, baiffez les eaux autant que vous le pourrez.

Si la terre rejetée des foffés eft comme un terreau de couche, c'eft de la tourbe pure. Comme elle eft trop légere, il eft effentiel de la porter fur des terres voifines qui ne foient pas noires, en guife d'engrais; fans cela, le chanvre pourroit rester très-court dans les années chaudes, à moins qu'on ne pût élever les eaux, comme on l'a dit ci-devant, à dix ou douze pouce de la superficie. Du reste, aucun autre amendement ne sera nécessaire, & peut-être pendant des siecles.

Si des sources sortent des pentes voisines, on en évacue les eaux par des fossés qui viennent se rendre dans les autres.

Seconde espece. Les terres où les fromens versent presque toujours, les prés enclos ou non, les pâtures grasses, les fonds d'étangs.

Pour ameublir la terre des prés, des pâtures & des étangs, on doit y prendre quelques récoltes d'avoine ou d'orge. Sur les terres très-grasses, point de fumier qu'on n'en voie le besoin, de même sur les prés, les pâtures & étangs.

Troisieme espece. Toutes les terres sourcieuses & humides, les petits marais des vallons, des pentes & des gorges. (1)

―――――――――――――――――

(1) Il y a une quantité immense de ces especes d'héritages, qui sont sans valeur, ou qui ne donnent que quelques mauvais herbages, ou quelques bois blancs, ou des grains versés ou niellés.

Pour les deffécher, on ceinture ces terrains par des foffés ; fi après on voit que l'intérieur foit encore trop humide, ou trop frais, on le coupe par des rigoles dirigées dans le fens de la pente.

Avant de femer du chanvre, quelques récoltes d'avoine, ou d'orge, doivent auffi précéder. Point de fumier pendant les dix premieres années, à moins que les récoltes ne femblent diminuer.

On a vu de ces terrains dont le fond ne valoit pas 100 livres l'arpent, qui, défrichés & enchanvrés, fe font vendus 8 à 12 & 1500 liv.

Quatrieme efpece. Toutes les terres à froment.

Pour celles-ci, il n'eft queftion que de bonne culture & d'engrais.

Cinquieme efpece. Les terres légeres, ou qu'on nomme brûlantes.

Il y en a de trois fortes, les marneufes, les craieufes & les fablonneufes. Pourvu qu'elles aient du fond, le chanvre y viendra. Si le climat & la pofition font chauds, on doit ne commencer que par des effais, à moins qu'il n'y en ait déja de faits qui aient réuffi.

Celles-ci, comme prefque toutes les

terres à froment demandent des fumiers chaque année, & comme on le fait, cette espece abonde.

Les sables noirs ou bruns, un peu frais, valent souvent autant que les meilleures terres.

Toutes terres fumées annuellement, s'améliorent même en ne cessant pas de rapporter. On a des exemples de sables mouvans, qui, avec le temps, sont devenus de bonnes chenevieres par les engrais ordinaires qu'on leur a donnés. La premiere année ils ont peu rendu de filasse, la troisieme environ 200 livres; leur produit commun, aujourd'hui, est de 3 à 400 livres au moins.

Pour qu'un sable s'améliore, il faut que le grain en soit fin; si cela n'est pas, ne tentez jamais de le faire. Si le climat est chaud comme en Provence, en Languedoc & en Guienne, ne tentez pas même de bonifier les sables fins mouvans, à moins qu'ils ne soient élevés dans les montagnes, ou qu'ils ne soient humides.

Sixieme espece. Les jacheres des bonnes terres à froment, & spécialement celles qui versent leur froment.

Tous autres terrains manquans, on

peut louer ceux-ci, comme on le fait dans les environs de Meaux.

Le Fermier loue aux particuliers pour une somme quelconque, des portions de jacheres, auxquelles il donne deux labours.

Le Locataire fume, & en donne un troisieme pour semer.

Le chanvre récolté, le Fermier refume ou parque, donne deux labours, un herfage, & seme son froment à la fin d'Octobre.

D'autres Fermiers font autrement : Ils sement eux-mêmes le chanvre sur leurs jacheres. Prêt à récolter, ils le vendent par quartier, par demi arpent, ou par plus grandes parties, à raison de tant la perche. Le chanvre récolté, ils préparent leurs terres & les sement en froment à la fin des couvrailles. Ne craignez pas d'éfruiter les terres, ce double fumage répare leurs pertes avec usure.

Quand les meilleures terres propres au chanvre ne se trouvent pas proches des demeures, il faut les aller chercher plus loin sans hésiter.

Le chanvre n'est pas une plante délilicate comme le lin, qui ne veut que des terres douces ; il vient également sur les plus fortes avec des différences qui ne sont pas notables, lorsqu'on se donne les peines convenables, car on n'a rien sans cela.

Des labours.

PRÉFÉREZ les labours à bras à toutes les charrues; préférez la bêche à la houe & à la fourche, à moins que la terre ne soit forte : ce labour est plus long, mais il est plus profond & plus convenable aux racines pivotantes du chanvre. Plus le terrain est remué profondément, plus le chanvre s'éleve. C'est le trésor caché du bon homme, on ne peut le trouver qu'en fouillant la terre.

Une terre bien divisée se prend moins de sécheresse qu'une autre.

On dit qu'un labour est profond, quand il a neuf à dix pouces. La culture à bras, peut les donner : la charrue la mieux attelée, va difficilement à six pouces.

Cultivée à la charrue, la cheneviere doit recevoir au moins trois façons, un léger avant l'hiver, un ou deux profonds au printemps, & un léger avant de semer. Après ceux du printemps, donnez un coup de herse pour réduire les mottes. (1)

_____

(1) Les chenevieres trop en pente, ou dont les terres s'emportent facilement par les eaux des pluies, ne doivent pas se labourer avant l'hiver.

Les terres fortes & poisseuses en demandent quatre, ainsi que toutes celles qui sont humides & qui se plombent; savoir, un après la cueillette, l'autre en Octobre, le troisieme en Avril, le quatrieme en semant. Labourez à plat, ou en larges planches, & point en sillons ni bellans de quatre ou de deux raies.

En cultivant à bras, on peut ne donner que deux façons aux terres plus ou moins douces; il en faut trois aux fortes terres: dans les deux cas, donnez-en une d'entr'hiver, & l'autre ou les autres, au printemps.

Si la terre est forte ou froide, mettez toute la cheneviere en buttes de douze à quinze pouces de hauteur, avant l'hiver; les gelées l'ameubliront. Au printemps, répandez les buttes, ce sera la seconde façon. A la semence, labourez de nouveau, & les choses seront en bon état.

Rien de si commun que les sentiers dans les chenevieres proches des Villages; en labourant, ces sentiers donnent des grosses mottes; cassez-les bien avant de semer; écrasez jusqu'aux plus petites, après avoir semé, sans perdre de temps, car deux jours après, il est quelquefois trop tard, le chanvre leve. Ne dites point, tou cela est pénible, mais pensez que la terre ne donne beaucoup de fruit qu'à ceux qui la tourmentent.

Des Amendemens.

Les chenevieres rapportent tous les ans : il faut les fumer chaque année, au moins celles qui en ont besoin, & le nombre en est grand. Soyez attentifs à vous procurer des engrais ; négliger de le faire, c'est supprimer les deux tiers de la récolte. Donnez à la terre, elle vous rendra. Pour parvenir à le faire, il ne faut qu'un peu de prévoyance.

Les fumiers les plus consommés, les plus gras & les plus chauds, sont les meilleurs pour le chanvre.

Outre les engrais ordinaires des basses-cours, on a les fumiers de pigeons & de volailles ; le crottin des animaux passant dans les rues & chemins, les cendres des plantes marines & les boues de la mer ; les chaumes versés dans les endroits où passent les bestiaux ; les balaieures des manufactures ; les poussieres & les feuilles qui sortent du chanvre en le battant ; les vuidanges des privés, les suies des cheminées, les boues des rues, les terres urineuses tirées de dessous les bestiaux, la tourbe crue mise en poussiere pour les terres qui ne sont pas noires, les cendres de bois, celles des grosses herbes & des arbustes sauvages, qui valent encore mieux, comme chardons, orties, fougeres, roseaux, glaïeux, genets, genevriers & autres, pris & brûlés encore verts. Les feuilles des arbres, prises peu après leur chûte, & brûlées tout de suite. Ces cendres peuvent s'employer seules. Elles sont bonnes aussi, étant mélangées avec le fumier de pigeons & volailles. Avec quelque soin, on peut dans le cours de l'été & de l'automne, se procurer un ou deux setiers de ces cendres; les vieillards, les femmes & les enfans, peuvent couper & brûler les plantes.

Ces mêmes plantes cueillies en fleurs, & jetées toutes vertes dans un trou sans eau, couvertes d'un peu de terre, & arrosées, feroient encore un engrais préférable aux cendres.

Si tout manque, ce qui ne se peut guere, on a encore une ressource; celle de creuser un trou dans son jardin, d'y porter les dépôts gros & menus de ménage, & de les recouvrir de trois ou quatre hottées de terre, ou de plus, suivant le nombre des personnes, tous les quinze jours.

Si l'on ne se trouve pas assez instruit à cet égard, on peut consulter l'Instruction familiere que nous avons donnée sur les engrais.

Quand on a des marnes, on doit en verser sur les terres fortes, & sur celles qui se frappent aux pluies pour les adoucir & les ouvrir, mais cela ne dispense pas de fumer.

La tourbe crue ameublie, mise en poussiere, fera le même effet, & l'on n'aura pas besoin de fumier.

Sur les terres très-froides des pays froids, on enterre le grand fumier au dernier labour; sur les moins froides, au commencement du printemps. Dans les climats plus doux ou plus chauds, on le fait avant l'hiver, ou au printemps.

Le fumier de pigeon s'emploie à raison de douze à quinze setiers, mesure de Paris, par arpent, mesure de Roi. Dans le Nord de la France, lorsqu'on seme à la houe, on le met au fond de la raie avec la semence; dans les autres cas, on l'enterre à la herse en même temps que la semence. Plus au midi, il seroit à craindre qu'il ne fît beaucoup de mal en le répandant sous raies; l'enterrer à la herse, est préférable. Son grand effet dépend de l'état humide de la terre, quand on le verfe, ou des pluies qui tombent immédiatement après.

Quelque chaud que foit le fumier de pigeon, la cendre des groffes plantes fauvages l'eft encore plus. Deux ou trois fetiers fuffifent pour un arpent, encore faut-il que les terres foient froides, car fur les légeres, il n'en faudra qu'un fetier & demi à deux fetiers.

La cendre veut être enterrée à la herfe avec la femence, fi la terre eft bien trempée. Si elle eft feche, il faut femer la cendre après que la femence eft enterrée; la premiere pluie en fondra les fels.

Regles générales pour les engrais.

1°. Plus les engrais font fins, divifés, confommés, plus on doit les donner tard aux terres.

2°. Plus ils font confommés, moins il en faut: par exemple, fi la vuidange des privés étoit feche & en poufliere, deux fetiers au plus, fuffiroient pour un arpent. On en dit autant de la fuie des cheminées, & des cendres.

3°. Il faut moins de ces matieres & des terres bien impregnées de l'urine des animaux quand on en a, que de crottin d'animaux ou d'oifeaux.

4°. Il faut moins de ces crottins que

de terreau; moins de terreau que de grand fumier, & moins de fumier gras que de maigre; on nomme fumier maigre celui qui fort des écuries où les litieres abondent.

5°. Une terre à froment paffable, a befoin de fumiers, lorfque dans une année un peu favorable, elle ne donne pas au moins huit cent livres de filaffe brute.

6°. Les terres légeres en ont prefque toujours befoin.

7°. Lorfque le chanvre refte verd & & flafque, fans force, ou qu'il verfe, c'eft que la terre devient trop graffe; alors, ceffez de fumer pendant un ou deux ans, enfuite ne donnez qu'un demi engrais: en femant dru, on éprouvera rarement cet accident.

De la femence.

SEMEZ la graine de la derniere récolte; la vieille ne leve point, ou leve mal.

Si vous n'avez pas de chenevis, achetez celui qui eft luifant, d'un beau gris-brun, avec peu de grains blancs.

Semez dru fur une bonne terre qui a de la vigueur, & un peu moins dru fur une légere.

Semer dru, en enterrant le chenevis à la herfe, c'eft en mettre un fetier, un quart mesure de Paris, & en l'enterrant à la houe, un setier un cinquieme, le tout par arpent mesure de Roi.

L'ignorant croit tout savoir, le sage demande avis. Si vous n'avez pas d'expérience, faites semer votre chenevis, & voyez comme on le fait.

Clair semé, il donne plus de graine & moins de filasse; semé dru, moins de graine & plus de filasse, qui est beaucoup meilleure. On doit opter pour la filasse, elle produit plus que la graine.

Le chenevis s'enterre à la herse, ou à la houe; de cette derniere façon, il faut un peu moins de semence, car rien n'est perdu.

Comme il ne sort pas de terre en perçant, mais en la soulevant, il veut être peu recouvert.

S'il survenoit de grandes pluies après l'avoir semé, prenez des rateaux pour rompre la croûte qui se sera formée, sans quoi le chenevis ne leveroit pas : étant germé, on détruit, il est vrai, avec le rateau une partie des plantes; mais il vaut mieux cela que de tout perdre.

Mis en terre, il faut le garder soigneusement des poules & des pigeons, jusqu'à ce qu'il ait quatre feuilles, sans quoi, ces oiseaux font de grands ravages:

les Chenevieres étant raſſemblées, un enfant peut veiller ſur un petit canton; plus étendu, il auroit peine à le défendre.

Le chanvre veut être ſemé dans le temps propre à chaque pays. En ſemant trop tôt, les gelées ſont à craindre; en ſemant trop tard, ce ſont les ſéchereſſes. Le chanvre ſemé trop tard, eſt toujours tendre & caſſant; il décheoit plus en le travaillant. Pour trop attendre, il faut y être forcé par le défaut d'humidité de la terre. On ſeme fructueuſement quand on peut le faire après ou immédiatement avant une pluie douce. Lorſque le moment ſe préſente, ſaiſiſſez-le, & ſuſpendez vos autres travaux.

Défendez l'entrée de vos chenevieres aux poules & aux beſtiaux, par des haies d'épines, de bourées de paille, ou autrement; ils ne peuvent que leur faire un grand tort.

De la cueillette.

LE mâle qu'on nomme femelle, eſt bon à cueillir, lorſqu'il jaunit: plus ce jaune eſt beau & plus le chanvre annoce de qualité. La maturité eſt parfaite, lorſque les pouſſieres de la fleur tombent en abondance en touchant la tige.

Sur les terrains très-gras, ou trop fumés, ou trop clair-semés, ou à l'ombre, le chanvre reste quelquefois verd. On sait toujours qu'il est mûr, lorsque les pousfieres se détachent abondamment.

Le chanvre trop mûr noircit sur pied, & perd de sa qualité.

La maturité de la femelle, qu'on nomme vulgairement mâle, se connoît à celle de sa graine, & au jaune de la tige. Le chenevis est mûr, quand le plus grand nombre des grains est d'un gris-brun luisant.

En cueillant le mâle qui porte les fleurs, on confond toutes les tiges de quelque longueur qu'elles soient. On les met en poignées d'environ onze à douze pouces de tour, on expose les poignées liées au soleil, en les ouvrant du bas & du haut pour sécher. Il faut les tenir droites, afin que le chanvre ne se courbe pas. Sec, on bat la tête sur une pierre, ou contre un arbre, pour ôter le reste de la fleur & des feuilles, on coupe l'extrêmité du haut, & celle des racines sur un bloc ; ensuite on descend le lien de la poignée vers le pied ; on le met en bottes de huit poignées, croisées ou béjevettées, liées à deux liens, & on le rentre séchement, ou on le porte au routoir. Le chanvre mouillé, en séchant noircit & heurdrit, le rouissage ne peut

peut éteindre cette tache & sa qualité y perd.

Le chanvre femelle se sépare en tiges longues, & en tiges courtes, en le cueillant ; mises en poignées, on les dresse sur leurs pieds dans le champ : à-peu-près seches, on les rassemble en tas ou faisceaux, de dix à douze poignées, sans les presser, les plus hautes poignées dans le milieu. On couvre leur tête avec des herbes & des broussures de la cheneviere, afin de les préserver de la pluie & des oiseaux ; on bride cette couverture, afin que le vent ne l'enleve pas. Sous cette couverture, la plante femelle acheve de sécher & de mûrir sa graine, qui alors se détache mieux de la bale.

Si le temps n'a pas permis au chanvre de sécher avant d'être en tas, on découvre ces tas, les jours où il fait beau, & on les garde des oiseaux. Au bout de huit jours, ou plus, le temps étant au sec, on bat la graine en plein air ; on étend les poignées battues ; avant qu'elles soient seches, on en coupe les extrêmités comme au mâle ; on bat la tête pour la purger des feuilles ; on descend le lien, on forme des bottes de huit poignées croisées, on les lie à deux liens, & on les resserre séchement, ainsi que le chenevis.

O

Du rouit, ou rouissage.

Le rouit du chanvre est une opération essentielle, & qui demande la plus grande attention; cependant c'est presque par-tout la plus négligée.

Avec de bons labours, des engrais, une terre passable & de la vigilance, on est à-peu-près sûr de récolter beaucoup de chanvre; mais un mauvais rouit peut en enlever du quart à moitié, encore ce qui reste n'a-t-il qu'une mauvaise qualité.

Trop roui, le chanvre est tendre & cassant; une partie tombe sous la broie & la palette, & en étoupe; pas assez roui, il est dur, plus difficile à mâcher, mais il décheoit peu: d'ailleurs, on corrige le moins roui, en l'exposant un jour, deux, ou plus, aux rosées sur le pré ou ailleurs. Lorsqu'il y est, retournez-le chaque jour, sans quoi les limaçons & les vers mangent la filasse.

On corrige encore la dureté, en le palettant ou en le pilant plus long-temps; mais il en reste, & puis il ne se purge pas aussi bien de chenevotte. La durée du rouit ne peut être fixée; elle dépend du climat, des eaux, du temps & du chanvre ; elle est plus longue dans les eaux de sources abondantes que dans les ruisseaux ; dans les ruisseaux que dans les grandes rivieres ; dans les grandes rivieres que dans les eaux dormantes ; dans une eau claire que dans une eau trouble ; par un temps froid, que par un temps chaud : c'est toujours l'histoire de cinq, six, sept, huit, neuf, dix, onze & douze jours, & quelquefois plus.

Le chanvre vert, gros & long, ou qui a cru à l'ombre, est plutôt roui que tout autre ; le plus court & le plus fin, est celui qui demande le plus de temps.

D'après le temps, les lieux, les eaux & le chanvre, on doit visiter plutôt ou plus tard le routoir : il vaut mieux y aller trois fois qu'une. C'est le cas de dire : ne remettez point au lendemain ce que vous devez faire la veille.

Le chanvre est roui, lorsque la filasse, en quittant la chenevotte de toute sa longueur, forme le ruban ; il l'est trop, quand elle ne présente qu'une espèce de charpie, ou que le ruban se casse avec peu d'effort. Si vous n'êtes pas sûr de bien distinguer ce point, prenez conseil des gens qui le savent mieux : douze heures de trop roui, peuvent occasionner des pertes : vingt-quatre heures peuvent en occasionner de grandes.

La filasse la plus blanche & la plus luisante, est toujours estimée bonne, & se vend le mieux. La premiere de ces qualités, est due aux eaux courantes; la seconde est due à la perfection du rouit.

Si les eaux courantes donnent la plus blanche, les eaux croupies des plus petites marres, sans sources, donnent la plus noire & la moins prisée.

On a rarement le choix des eaux; mais quoiqu'un chanvre noir soit aussi bon qu'un blanc, quand le rouit est bien fait, on doit pourtant préférer les courantes aux dormantes, lorsqu'on le peut, sans se déplacer de trop loin, puisque la filasse qui en sort se vend plus cher.

Si vous n'avez ni rivieres, ni ruisseaux, ni étangs, tâchez de vous procurer de grandes marres. Si elles peuvent être entretenues par les eaux de sources, ce sera de vraies eaux courantes. En y faisant passer un filet pour la renouveller continuellement, elle ne se corrompra point, & le chanvre y sera blanc : il seroit dur, si un gros volume d'eau de source y entroit.

Tenez vos routoirs proprement ; nettoyez-les avant d'y mettre le chanvre, & conservez pour vos chenevieres, les boues noires que vous tirerez du fond.

Dans les lieux qui manquent de sources & de grandes marres, on peut y faire des retenues d'eaux de pluies.

Toute une Communauté y ayant intérêt, elle peut & doit louer les terrains, & faire les travaux nécessaires en corps.

Le chanvre roui dans les eaux dormantes, pese environ cinq livres de plus par cent, que celui roui dans les grandes eaux courantes.

Certaines eaux de sources ont un infecte qu'on nomme chevrette, qui coupe la filasse ; si cet accident arrive, ne vous servez plus de ces eaux.

Ne faites, comme on l'a dit, vos bottes que de huit poignées, de onze à douze pouces.

Déposez-les à trois de hauteur dans le rouissoir ou routoir, si la profondeur le permet ; pressez les bottes l'une contre l'autre ; maintenez-les par des pieux, ou autrement ; couvrez le dessus en paille ou en broussure de la cheneviere, & chargez-les à demi le premier jour, soit en pierres, soit en bois. Ne le faites en terre, que quand la plus grande nécessité vous contraindra.

Le lendemain, dès le matin, achevez de charger, & faites-le de façon que la superficie des bottes soit enfoncée sous l'eau de deux lignes seulement.

Deux ou trois jours après, le chanvre commencera à s'élever hors de l'eau, en soulevant tout ce qui le charge ; alors rechargez de nouveau, soir & matin, pour le tenir toujours à deux lignes sous l'eau, sans cela, il ne rouiroit pas également.

Le rouit fait, découvrez, déliez les bottes ; prenez les poignées par la tête, & plongez-les droites dans l'eau pour les laver. Ne le faites point en les couchant, vous gâteriez la filasse.

Après les avoir ainsi lavées, déposez vos poignées sur les bords du routoir pour égoutter. Si le rouit est parfait, ou un peu forcé, pressez-vous de les étendre, en les dressant sur leurs pieds & en cage ; en retardant de le faire, le chanvre en égoût s'échaufferoit, & l'intérieur seroit trop roui.

Le chanvre parfaitement seché, remettez-le en bottes, & rentrez-le en lieu sec. On peut le conserver ainsi, tant qu'on le veut ; l'âge l'adoucit & la vermine ne l'attaque point.

Si des pluies s'annoncent avant que votre chanvre soit parfaitement sec, rentrez-le sans le lier ; posez-le debout, & profitez du premier beau temps pour achever de le sécher.

On a toujours de plusieurs sortes de chanvre dans une seule cheneviere, & tout au moins du court & du long, de la femelle & du mâle ; mais souvent on en a aussi du vert fin & long, & du vert gros & long, de cru à l'ombre, & d'autre en plein soleil.

Comme le temps du rouit n'est pas le même pour chaque espece, séparez-les ; ne les tirez du routoir que successivement, & après le temps nécessaire. La différence de temps est de douze, vingt-quatre & trente-six heures, & quelquefois de plus ; sans cette attention, vous aurez toujours du chanvre bien roui, du pas assez & du trop roui.

Le temps du rouit ne doit point passer le quinze Octobre ; plus tard, on a souvent beaucoup de peine à faire sécher le chanvre. Si les pluies sont fréquentes, il se rouit avec excès, & l'on soufre de gros déchets : il vaut mieux attendre le printemps.

Si vous n'avez point de place pour loger

vos chanvres, rouis ou non rouis, faites-en des meules, comme on le fait vers Noyon; mais couvrez-les bien pour les préserver de la pluie.

Le chanvre à graine est moins de temps à rouir, que le chanvre à fleurs; le vert & gros, moins que le vert & fin; le vert moins que le jaune; le long moins que le court, & la patte moins que la tête.

Le temps du rouit, en Août, est de cinq à huit jours; en Septembre & Octobre, de neuf à quinze.

Cette opération peut se faire à la rosée, & sans routoir, mais elle demande beaucoup d'attention & de peines. On a plus de blancheur, mais ce n'est point une indemnité; & puis, on a beaucoup à craindre des insectes qui le rongent.

Dans les environs de Meaux, il y a des Rouisseurs publics fort instruits à ce sujet par une longue expérience. On pourroit aussi en établir ailleurs; ce seroit un avantage pour les campagnes & pour l'Etat, car les défauts du rouit, font sûrement un tort de plus d'un sixieme sur chaque récolte, si cela ne va au quart. Pour placer, charger, veiller, laver & tirer le chanvre du routoir, on ne donne aux Rouisseurs publics que deux liards par bottes, ou cinquante à cinquante-cinq fous du cent.

Du mâchage ou broyage.

On fépare la filaffe de fa chenevotte de deux façons: en la teillant & en la broyant. La broie ou mâchoire eft préférable; elle fait le travail de quinze ou vingt perfonnes : on a quelque déchet, mais il eft plus que compenfé par le gain du temps.

Il faut pourtant dire qu'on eft forcé de teiller le chanvre roui qui a plus de fept à huit pieds.

Le chanvre féché au foleil, eft plus doux & plus pefant que celui qui paffe au four.

Les défauts communiqués par le four, outre le moins de poids, font de rendre la filaffe feche, caffante & moins forte. Ces vices font fi fenfibles, que les Bourbatiers, ou petits marchands de chanvre, reconnoiffent celle qui a paffé au four les yeux fermés. Sa pouffiere eft auffi plus incommode pour ceux qui le peignent. Voilà de bonnes raifons pour profcrire le chanvre des fours, fi les incendies qu'il occafionne n'en étoient une fuffifante.

Dans les lieux où les féchoirs manquent, il est facile de s'en donner. Un rocher, un chemin cavé, un petit monticule, une pente au midi, sont autant de places propres pour en établir. En le faisant, éloignez-les à quelque distance des chaumieres. (1)

Du palettage, ou espadonnage ou pilage.

On a deux manieres de faire cette opération, dont le but est d'adoucir la filasse & de la purger des parties de chenevottes qui restent après le broyage.

La premiere se fait avec une palette de bois, ou de fer, qu'on nomme espadon, sur une planche tenue debout.

La seconde se fait au maillet, dans une auge, ou sur un bloc bien uni.

Cette derniere est de beaucoup préférable à l'autre; elle est moins susceptible de déchet, elle divise & adoucit plus, & laisse moins de chenevotte.

Lorsqu'on palette à la lumiere, on doit la tenir dans une lanterne, ou la placer de façon qu'aucune étincelle enflammée, ne tombe sur le plancher; car le duvet

---

(1) On nomme séchoir, un endroit propre à faire sécher le chanvre avant de le broyer.

qui le couvre, provenant du chanvre, prend feu comme la poudre à canon, & peut le communiquer en un clin d'œil à tout ce qui est combustible.

On a encore l'habitude de mettre le chanvre au four pour le paletter. Outre le danger du feu, on ne peut que dessécher la filasse, & lui ôter sa qualité. Le plus grand but du palettage, c'est d'adoucir, de diviser : le plus grand mal, en ne mettant pas la filasse au four, c'est qu'il y reste quelques chenevottes ; mais le peigne les fait ensuite tomber. Le palettage terminé, la filasse se met en bottes, & alors on le nomme chanvre brut, ou en branches ; c'est en cet état qu'on l'offre aux acquéreurs.

Du rapport des terres mises en Chenevieres.

On va presque toujours chercher au loin ce qu'on a sous la main : c'est souvent faute d'idée & de réflexion, qu'un homme laborieux manque d'ouvrage. Que lui faut-il pour s'en procurer ? un peu de terre. Eh ! où n'y en a-t-il pas ? On l'a dit ci-devant, la culture des grains ne peut donner que de foibles avantages aux Cultivateurs à bras ; pour qu'il en trouve, il faut qu'il cultive des plantes qui croissent annuellement sur un même terrain, qui demandent des soins, beaucoup de préparations, & dont la vente soit assurée : tel est le chanvre, dont la consommation ne fera qu'augmenter, tant que notre commerce fleurira.

Mais cette plante n'est pas la seule qui convienne au Cultivateur à bras, il y a encore le lin, le houblon ; dans les Provinces où l'on consomme beaucoup de bierre, le safran ; lorsqu'on a des terres très-douces, la garance, la gaude, le pastel ; les haricots, les pois dans les terrains précoces, la fève des marais & l'artichaut, quand on se trouve près des grandes villes : le tabac, si on le permettoit ; le chardon à foulon, proche des manufactures de laine ; l'ail proche des côtes de la mer & des ports ; tous ces objets demandent des soins que ne peut leur donner la grande culture, & pour occuper un ménage, il faut peu de superficie de terre. Mais revenons au chanvre, & voyons ce qu'un arpent, mesure de Roi, peut produire année commune.

Les terres de la premiere qualité pour cette plante, sont, comme on l'a dit ci-devant, les marais desséchés à tourbes terreuses ; le bord des grands marais tourbeux qui ne font pas defféchés.

Les terres ou les fromens verfent fréquemment.

Les anciennes chenevieres placées en bon fond.

Celui des étangs.

Tous les lieux fourcieux, frais & humides.

Les fables noirs, frais.

Celles de la feconde qualité font : les terres ordinaires à froment.

Les jacheres des bonnes terres à froment.

Celles de la troifieme qualité font, toutes les terres légeres qui ont du fond.

En prenant les foins prefcrits, la premiere qualité de terres, rendra de 8 à 1400 livres, poids de marc, de filaffe prête à ouvrer, par arpent.

La feconde de 600 à 1000 livres.

La troifieme de 4 à 700 livres.

La filaffe brutte, vaut aujourdhui de de 4 à 12 f. la livre, fuivant les lieux où l'on fe trouve ; ainfi le prix moyen eft de 8 fous, on ne le comptera qu'à fept fous.

A ce prix, la premiere qualité de terre donne . . . . . . 385 liv.

La feconde . . 280 liv.

La troifieme . . 192 liv. 10 f.

On n'a pas compté le chenevis excédant la semence; on le passe pour le loyer de la terre, quoique souvent il vaille mieux; mais dans les lieux où l'on seme beaucoup de chanvre, il vaut quelquefois moins.

On sent qu'il y a ici à augmenter & à diminuer sur le prix de la filasse, suivant les positions où l'on se trouve; mais, comme les terres ne se louent par-tout que dans la proportion de ce qu'elles rendent, elles seront moins cheres, là où le chanvre sera moins cher.

Que le Propriétaire fasse tout par lui-même, le moindre arpent en chanvre de la troisieme qualité, lui occasionnera pour 100 liv. de journées; la seconde qualité pour 160 liv., & la premiere pour 220 liv. Pour les mêmes objets, le cultivateur employera, au plus, trois semaines de son temps aux plus gros travaux, le surplus sera fait par la femme & les enfans.

En vendant la filasse du mâle, on tirera du linge & des vêtemens de la femelle, & de la graine de quoi s'éclairer.

Si les propriétaires des terrains humides ne veulent pas faire les frais du défrichement, les Journaliers peuvent s'en charger, en louant pour dix-huit, vingt-sept, ou trente-six ans. Ils le peuvent d'autant mieux, que le Roi difpenfe d'infinuation les baux à longues années, qui ont pour caufe une amélioration.

L'étendue de la cheneviere doit être, quand on le peut, dans la proportion des journées dont on manque, du nombre & de la force des enfans qu'on a; c'eft-à-dire, depuis un quart d'arpent, jufqu'à un arpent & demi. Il y a près de Meaux, des familles qui en cultivent deux fans trop de gêne. Cependant il ne faut pas en prendre au delà de fes forces : qui trop embraffe, mal étreint.

En cultivant le chanvre, réfervez-vous une portion de terrain pour les haricots, vous y trouverez une reffource pour l'automne & pour l'hiver.

F I N.

Planche 2.me

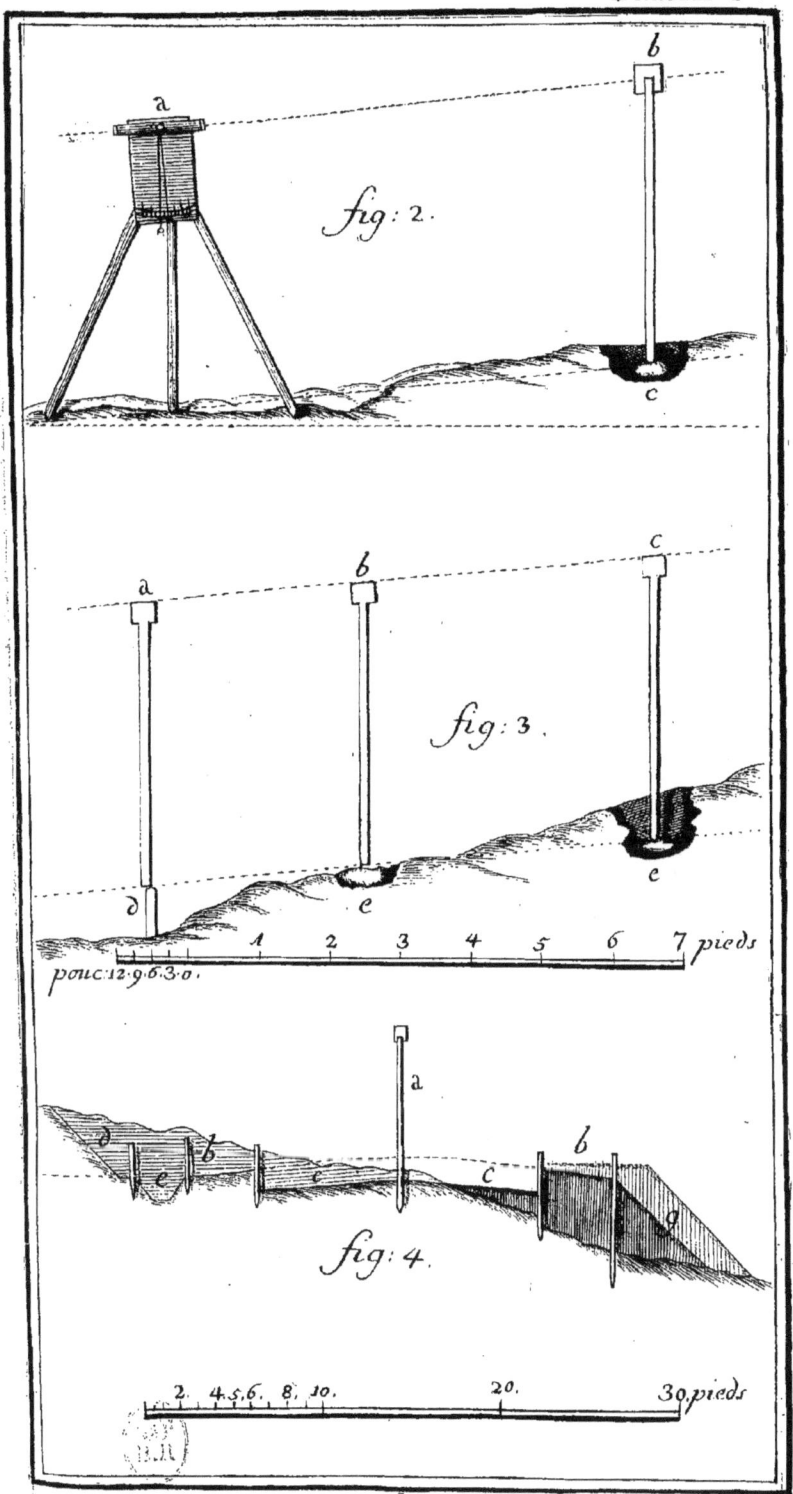

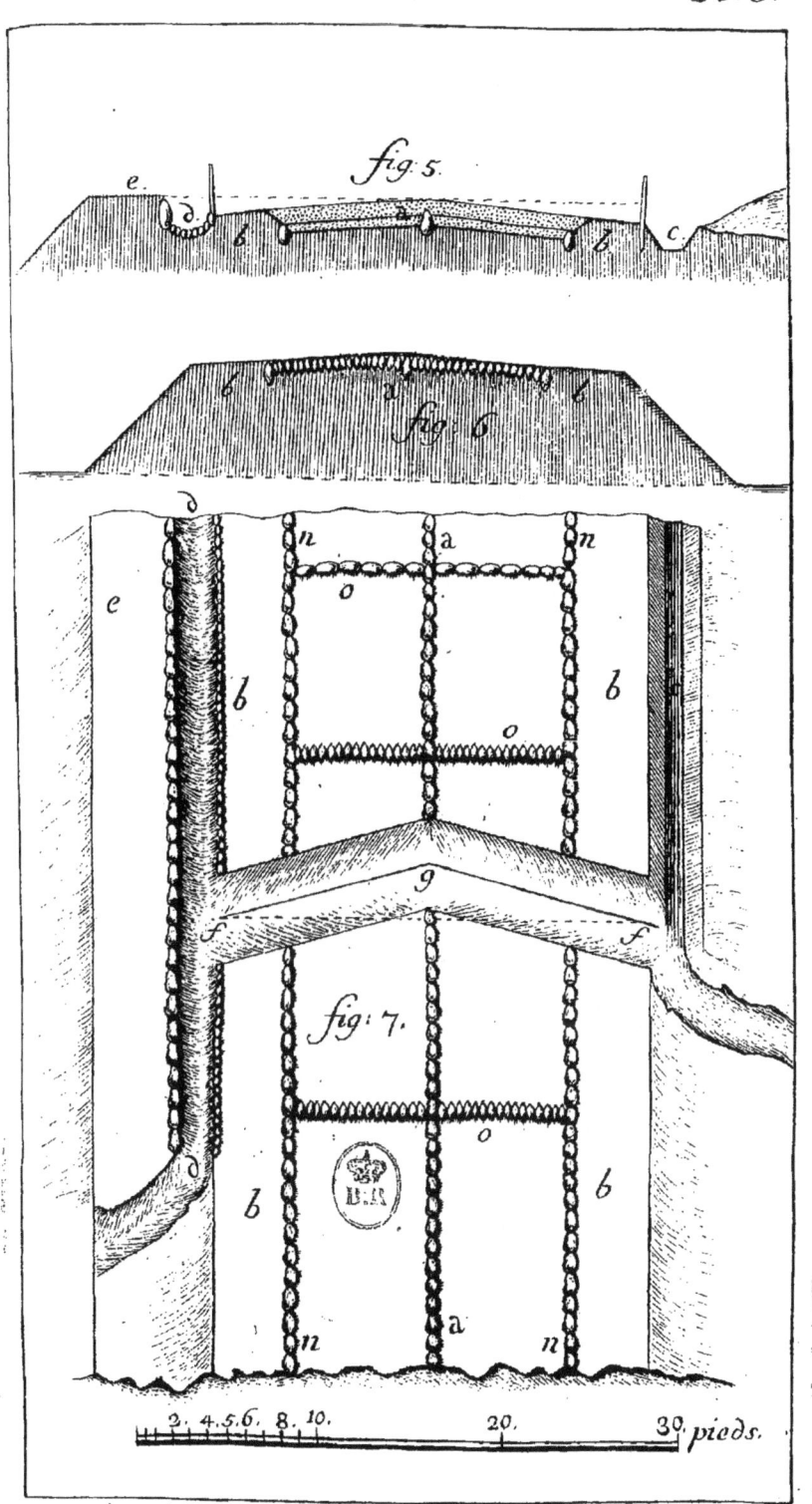

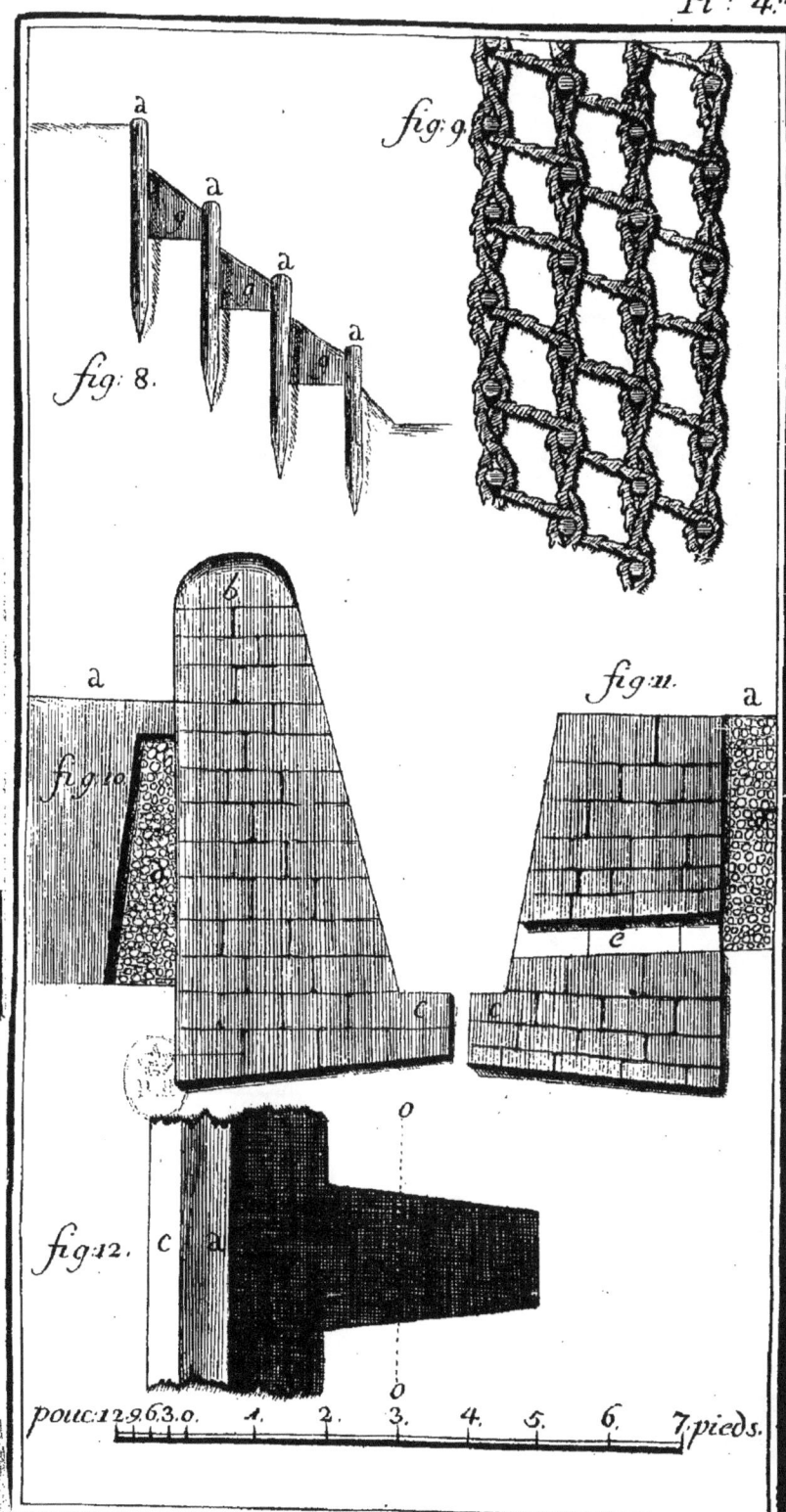

Pl: 4.me

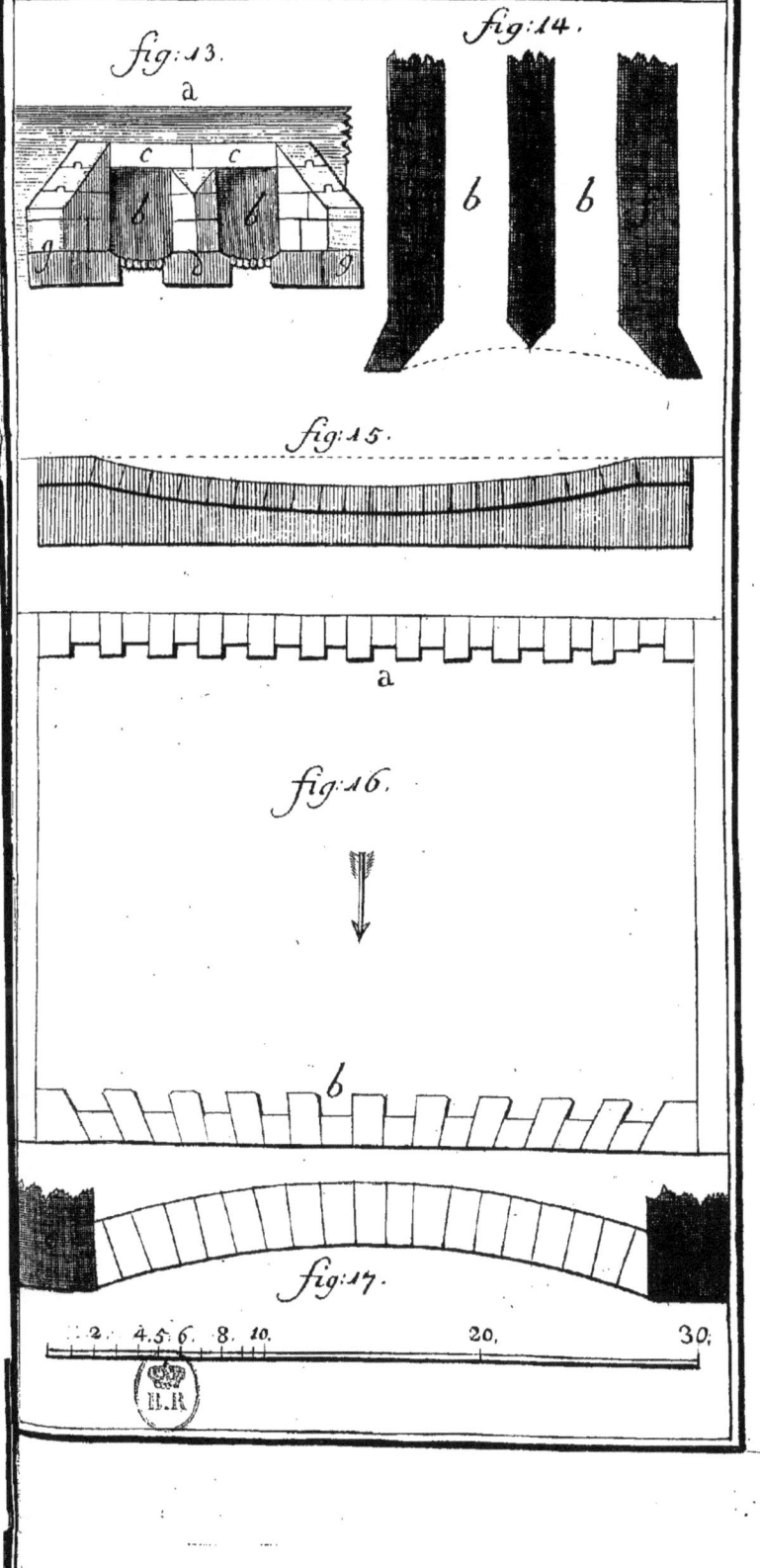

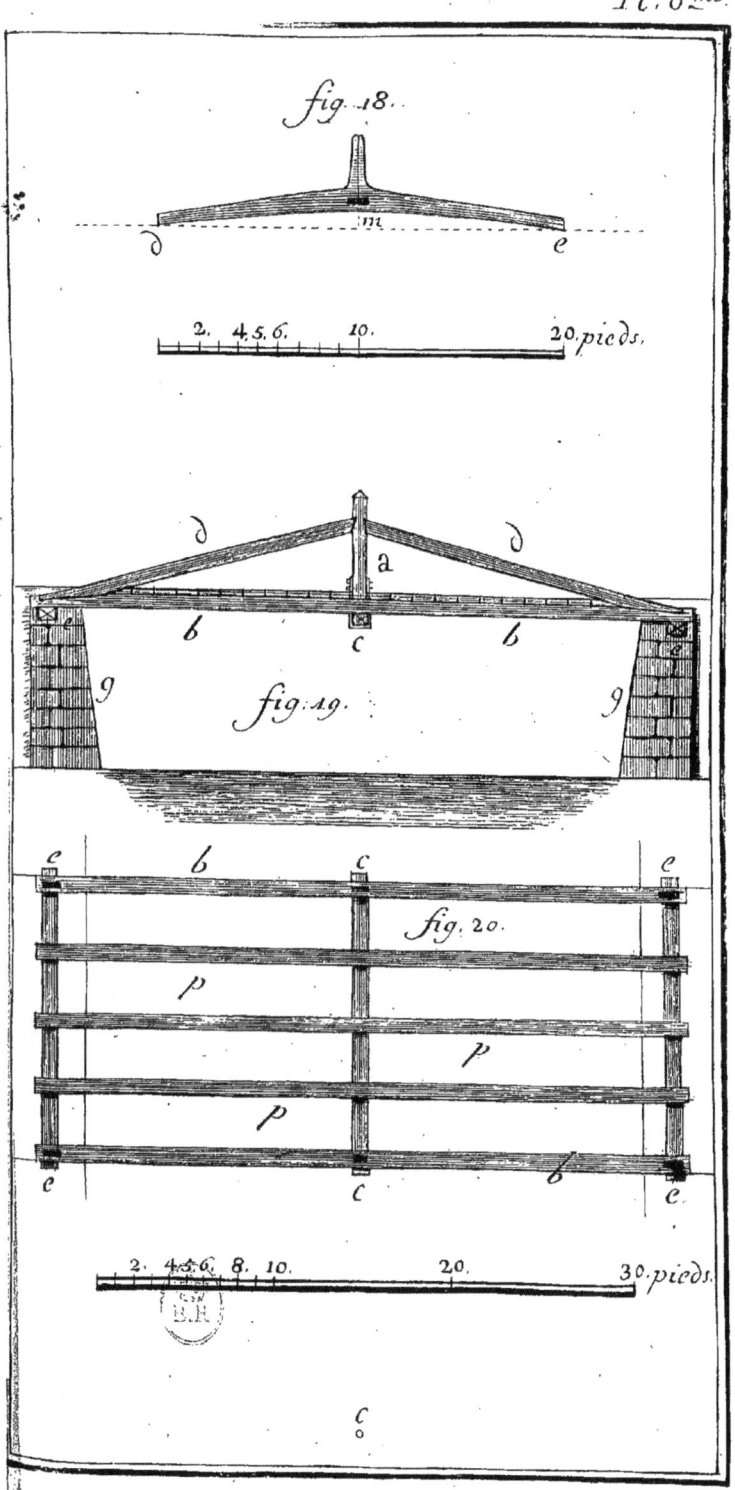

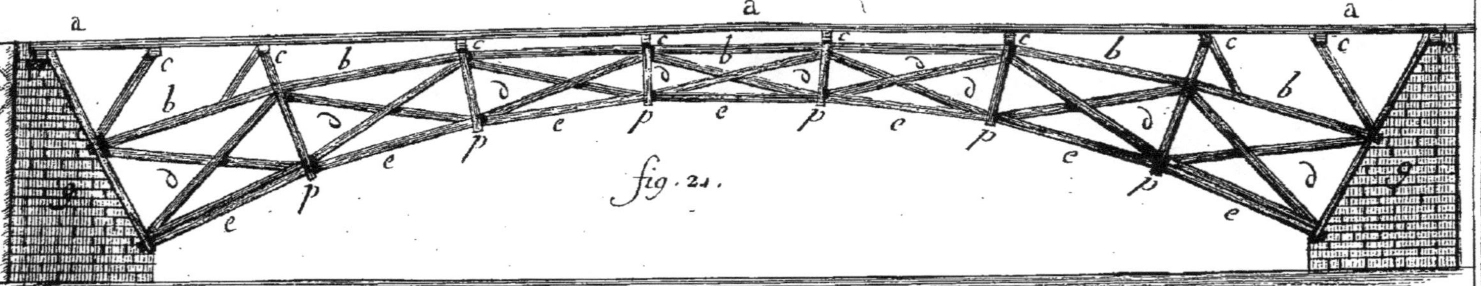

Fig. 21.

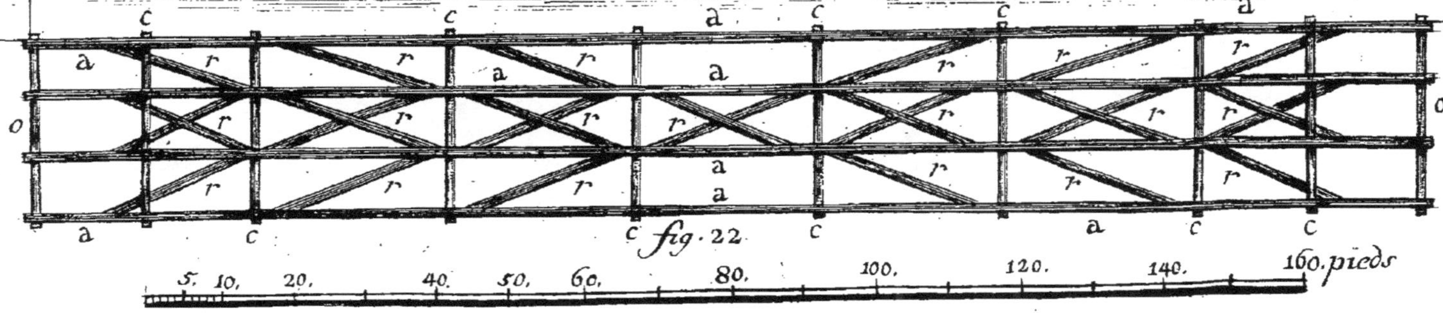

Fig. 22.

5. 10. 20. 40. 50. 60. 80. 100. 120. 140. 160. pieds

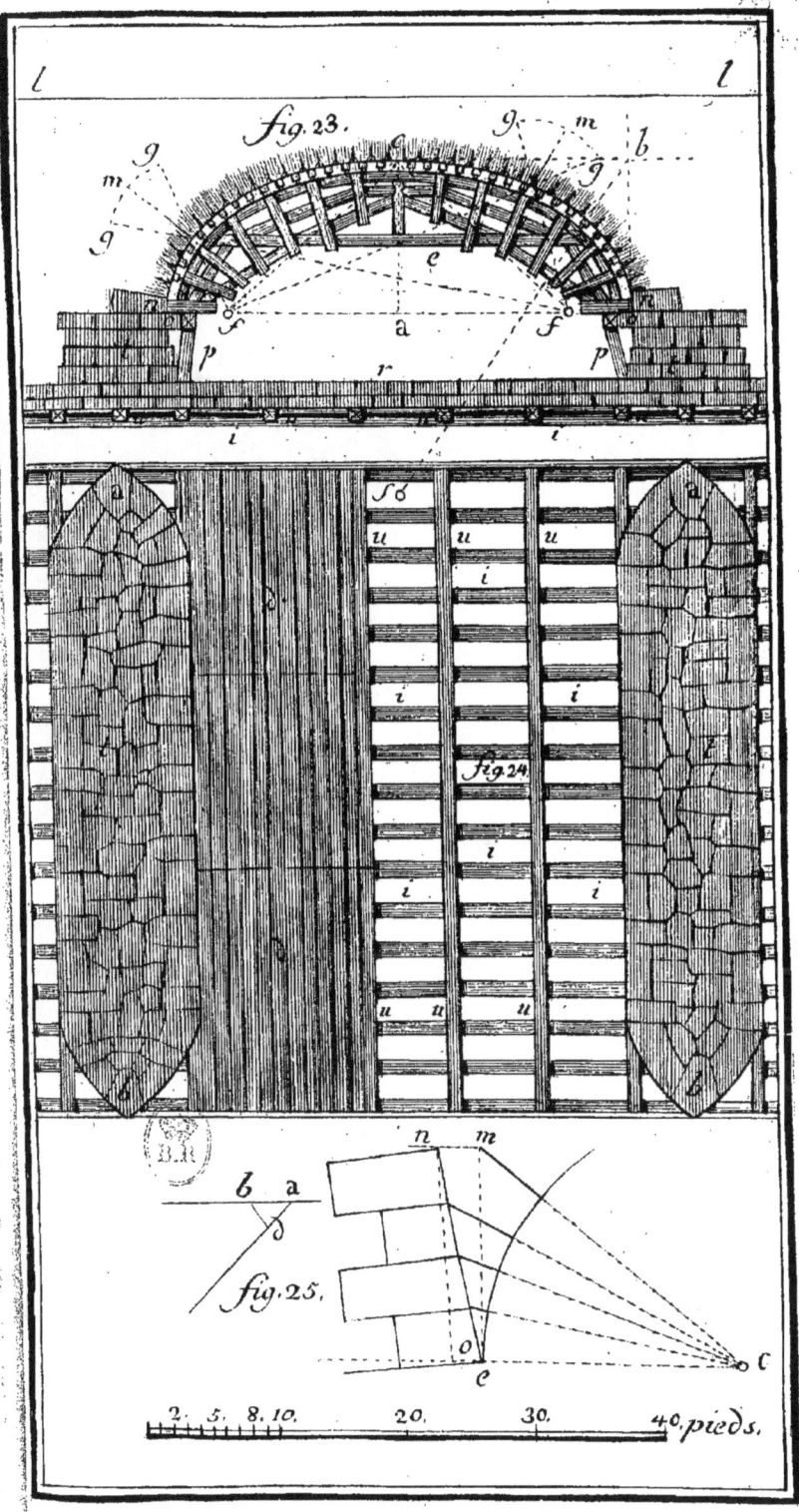

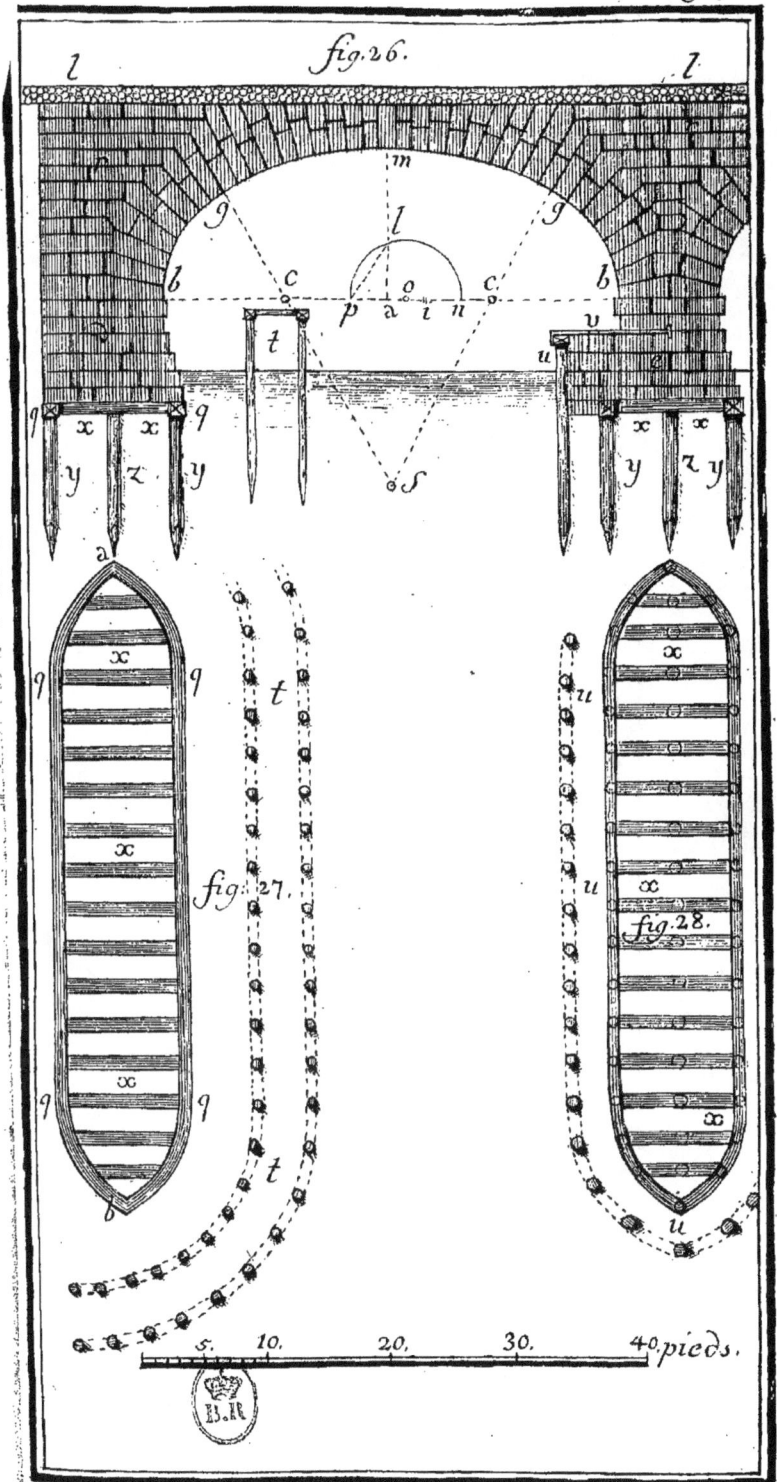

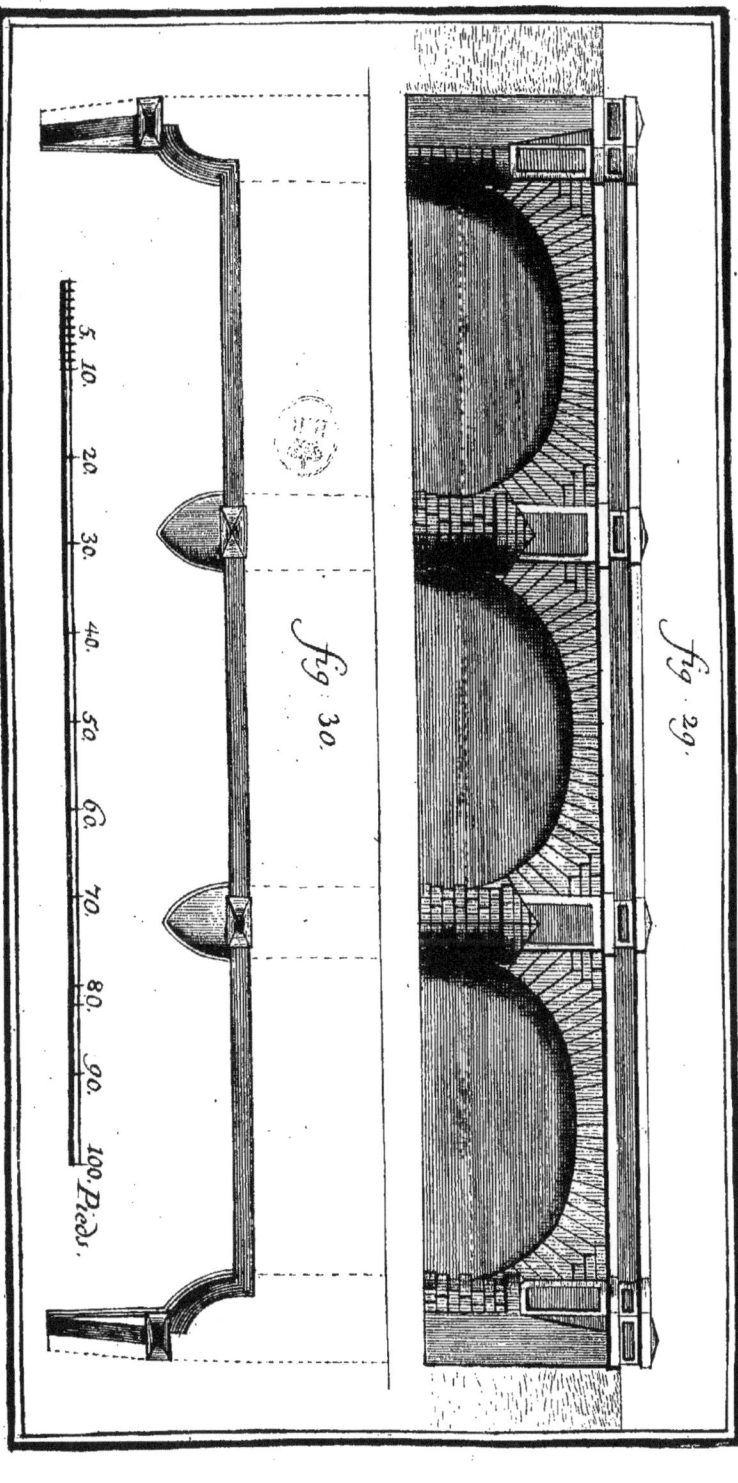

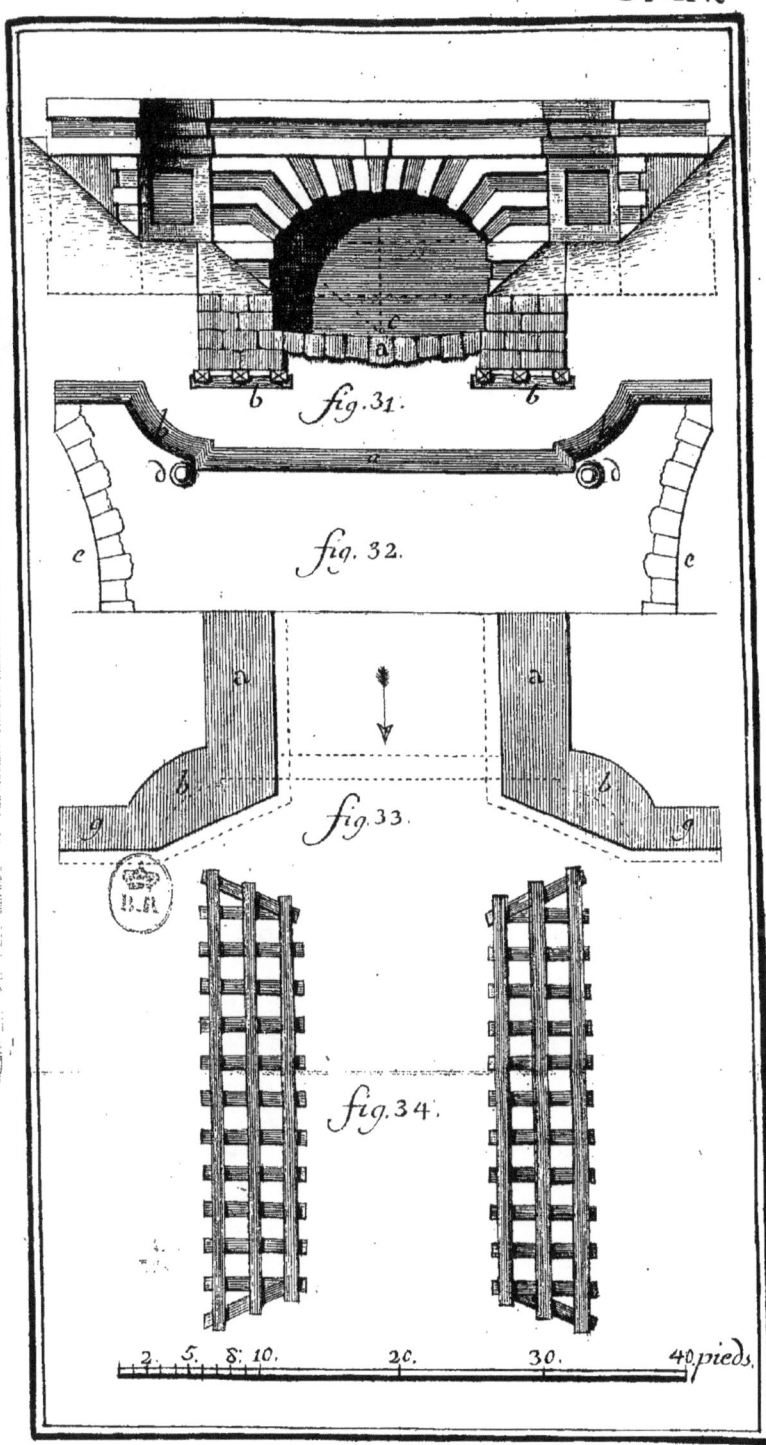

Pl. 12.me

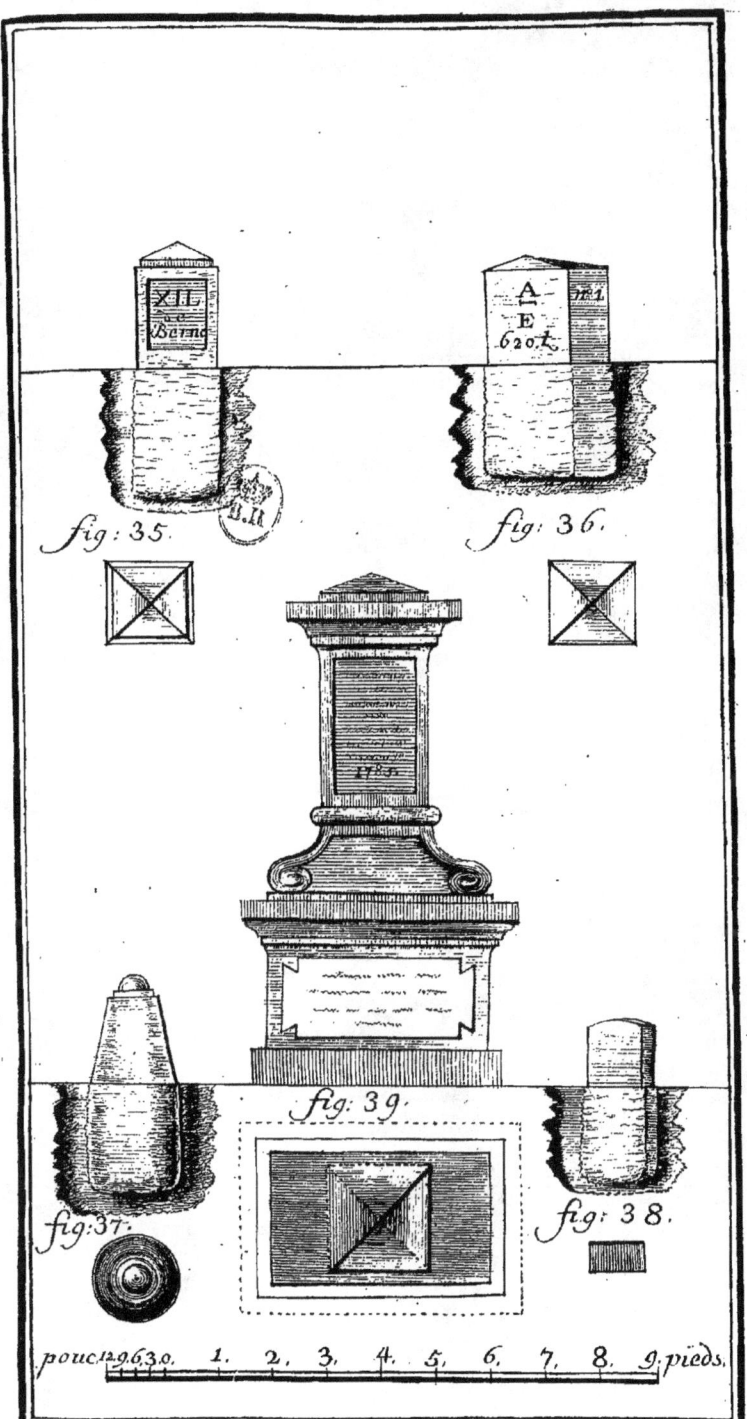

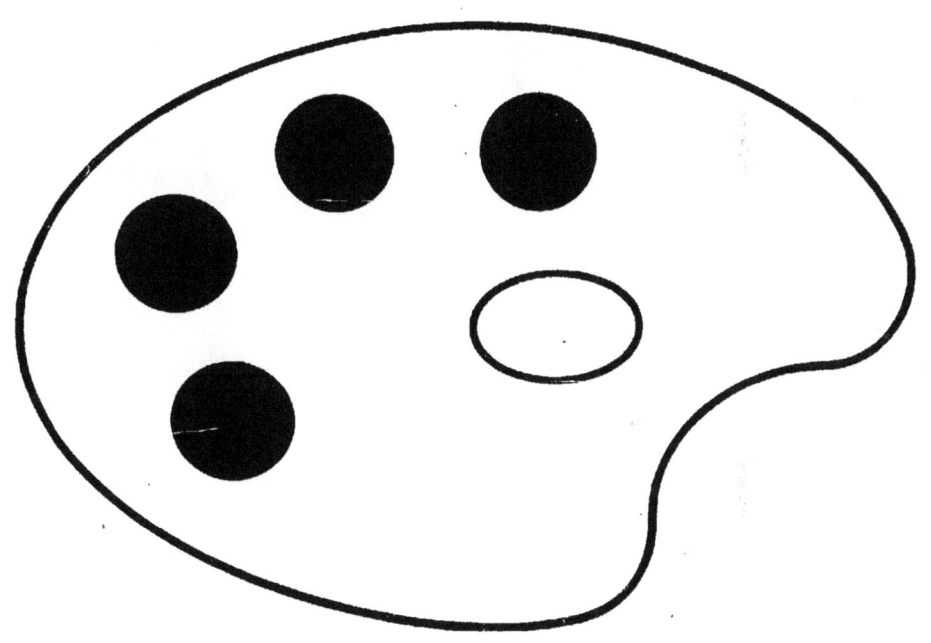

Original en couleur
NF Z 43-120-8

www.ingramcontent.com/pod-product-compliance
Lightning Source LLC
Chambersburg PA
CBHW060228190426
43200CB00040B/1670